直播电商运营实战指南

电商设计、主播养成与直播攻略

余亚容 ◎ 主编

中国纺织出版社有限公司

内 容 提 要

随着移动互联网的迅猛发展，短视频、直播行业进入飞速发展阶段。学习短视频、直播电商引流变现技巧，是广大企业以及个人寻找全新商业变现之路的必选题。本书共三篇，分别为：第一篇，介绍电商与电商设计的基础知识，手把手教读者店铺设计的关键、电商页面设计的核心要素、逻辑法则、详情页设计技巧、电商网页视觉设计必备流程。第二篇，带领读者全面认识主播行业，了解主播爆红的秘诀，以及从新手主播到头部主播的蜕变。第三篇，教会带货主播如何一步步提升自我，实现从量变到质变的飞跃。本书内容系统性强，结构安排循序渐进，语言通俗易懂，力求让每一位读者看得懂、学得会、用得巧。

图书在版编目（CIP）数据

直播电商运营实战指南：电商设计、主播养成与直播攻略 / 余亚容主编. -- 北京：中国纺织出版社有限公司，2024.4

ISBN 978-7-5229-1607-1

Ⅰ.①直… Ⅱ.①余… Ⅲ.①电子商务－运营管理－指南 Ⅳ.① F713.365.1-62

中国国家版本馆CIP数据核字（2024）第069048号

责任编辑：曹炳镝　段子君　于　泽　　责任校对：高　涵
责任印制：储志伟

中国纺织出版社有限公司出版发行
地址：北京市朝阳区百子湾东里 A407 号楼　邮政编码：100124
销售电话：010—67004422　传真：010—87155801
http://www.c-textilep.com
中国纺织出版社天猫旗舰店
官方微博 http://weibo.com/2119887771
河北延风印务有限公司印刷　各地新华书店经销
2024 年 4 月第 1 版第 1 次印刷
开本：710×1000　1/16　印张：12.25
字数：145千字　定价：57.00元

凡购本书，如有缺页、倒页、脱页，由本社图书营销中心调换

前言

随着移动互联网的迅猛发展，短视频、直播行业进入飞速发展阶段。各种短视频、直播平台不断涌现。与此同时，短视频、直播也成为全民娱乐性消费的焦点。在巨大商机的驱使下，无论是普通人还是各大企业，或是明星名人，都在短视频与直播带货的路上纷纷试水，追逐流量红利，摸索属于自己的成功之路。

当下，短视频、直播已经成为人们生活中休闲娱乐、日常购物不可分割的一部分。在营销领域流传着这样一句话："用户注意力，才是营销的焦点。"的确，用户在哪里，流量就在哪里，企业收益就在哪里。如果一个品牌凭借短视频或直播斩获了几十万甚至上百万粉丝，就相当于拥有了一颗"摇钱树"。只要运营方法、营销方法得当，让生意火爆起来也不是难事。

看懂了以上这些，也就不难理解，为什么众多大中小企业，以及素人、明星、大咖纷纷热情高涨地进入短视频和直播领域，做起了电商生意。一个人人皆可短视频带货、直播带货的时代已经来临。谁能抓住这个商机，谁便掌握了流量变现密码，掌握了财富密码。

当下，短视频、直播电商营销模式变化非常快，给电商经营者点亮了一条新的引流、变现渠道，在一定程度上缓解了流量压力和突破了销量瓶颈。但无论如何，短视频、直播电商最根本的还是内容。内容是流量的源泉，是销量的基石。

如果你的电商页面设计不够精彩、不够独特，如果你作为主播不能让受众喜欢，不能将自己练就成带货达人，那么一切流量与销量都将与你无关。

那么如何做电商页面视觉设计来吸引用户注意力？新手主播如何实现逆袭？带货主播如何实现能力的自我提升？这些都是电商运营需要精准掌握的内容。本书对电商网页设计与带货主播进阶做了详细介绍，共三篇：第一篇，从电商与电商设计的基础知识出发，手把手教会读者电商设计合成技巧，以及电商页面设计的核心要素、逻辑法则、详情页设计技巧、电商网页视觉设计必备流程；第二篇，全面解读主播行业以及主播爆红的秘诀，帮助新手主播成功跻身头部主播行列；第三篇，教会带货主播如何一步步提升自我，实现从量变到质变的飞跃。

本书内容系统性强，结构安排合理，语言通俗易懂，案例丰富翔实，力求让每一位读者看得懂、学得会、用得巧。通过阅读本书，你会发现，其实只要掌握方式方法，做电商网页设计并不是难事；同时，成为一名优秀的带货主播，同样可以抓住直播带货这个风口，将自己的事业做得风生水起，在直播带货道路上走得更快、更远。

本套直播电商运营实战丛书得以出版，要特别感谢以下编委会成员的大力支持：秦宗红（中国国际贸易促进委员会商业行业委员会委员、校企合作标准化技术委员会专家委员、中国名特优商品直播中心主任、重庆播星网络科技集团有限公司董事局主席）、熊天生（重庆市丰都县职业教育中心校长）、刘红（重庆市云阳县职业教育中心校长）、肖红梅（重庆市农业学校高级讲师、副校长）、李杨（重庆市农业学校高级讲师、科长）、秦宗友（重庆传媒职业学院五年一贯制学院副院长）、秦尉淞（重庆市涪陵创新计算机学校副校长）、熊钰萍（重庆市丰都县职业教育中心计算机专业部主任）。希望这套书的出版能帮助更多人做好直播事业，实现自己的直播梦想！

余亚容

2023 年 11 月

目录

第一篇 电商设计：用视觉设计引导用户注意力

第一章 基础认知：电商与电商设计 / 3
电商的起源与发展 / 3
电商的特点 / 5
电商与电商设计的关系 / 6
电商设计的发展特点与未来趋势 / 7
电商设计范畴及设计要点 / 12

第二章 店铺设计：快速设计优质页面，让店铺脱颖而出 / 15
平台选择：选择比努力更重要 / 15
前期准备：了解平台游戏规则 / 17
店铺定位：好店铺得益于清晰定位 / 19
素材挖掘：小素材聚集大能量 / 21
店铺装修：精美页面更吸睛 / 23
空间设计：好的布局更具高级感 / 24

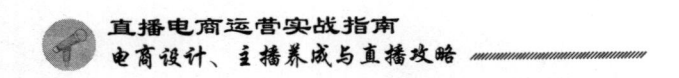

第三章　核心要素：优质电商网页设计必备五要素 / 27

文字：可读性与美感并存 / 27

图片：成功吸睛才能成功吸金 / 30

视频：动态直观展现产品细节 / 33

功能：功能越齐全，转化率越高 / 34

价值主张：传达产品价值，让客户愉快下单 / 36

第四章　逻辑法则：电商网页设计基本创意思路 / 39

构图：出彩构图让用户第一眼就被吸引 / 39

色彩：用恰当色彩视觉抓住受众眼球 / 42

风格：高颜值页面带来高流量和高销售额 / 44

排版：精美版式布局提升界面审美价值 / 46

第五章　详情页设计：给用户最直观的体验和简明的导航 / 53

详情页四大板块设计及风格要求 / 53

遵循消费者购物心理路径 / 55

详情页设计"四有"原则 / 58

融入销售思维激发用户购买欲 / 60

第六章　文案设计：优质内容促进电商价值显著提升 / 65

文案类型：不可不知的三大卖货文案 / 65

思维先行：有好思路才能写出别具一格的好文案 / 68

内容策划：优质内容更易激发购买热情 / 76

创作要点：牢抓文案创作精髓 / 79

写作技巧：文案写作难题各个击破 / 85

　　爆文法则：打造爆款文案有方法 / 94

第七章　完整步骤：优质电商网页视觉设计必备流程 / 99

　　步骤一：主题选择 / 99

　　步骤二：视觉定位 / 101

　　步骤三：结构规划 / 103

　　步骤四：素材收集 / 105

　　步骤五：网页制作 / 106

　　步骤六：后期检测 / 110

第二篇　主播养成：爆红主播养成攻略

第八章　行业认知：直播行业基本认知 / 115

　　什么是直播网红 / 115

　　什么样的人适合做主播 / 116

　　没有颜值、才艺如何成为主播 / 118

　　网络主播类型有哪些 / 119

　　主播吸金变现渠道 / 122

第九章　爆红有术：网红主播爆红的秘诀 / 125

　　主播爆红必备"基因" / 125

　　优质主播爆红特质 / 127

　　爆红主播的四个习惯 / 128

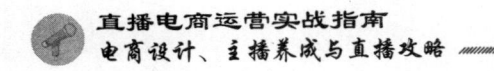

掌握主播爆红路径 / 130

第十章 养成计划：从新手到头部主播的华丽蜕变 / 133

新手主播必备三大素养 / 133

主播必须培养的九大基本能力 / 136

提升主播镜头表现力 / 139

主播个人 IP 定位与孵化 / 142

新手主播五大成长阶段 / 145

第三篇 主播直播：带货主播能力提升攻略

第十一章 主播来源：多渠道快速挖掘带货主播 / 149

素人带货实力不容小觑 / 149

网红主播为品牌进行流量迁移 / 150

KOL 直播带货专业性更强 / 151

借力明星效应，带动直播销量 / 153

品牌高层亲自带货，个人品牌为产品赋能 / 154

MCN 机构快捷对接带货主播资源 / 156

官方通道寻找达人合作带货 / 156

第十二章 直播准备：工欲善其事，必先利其器 / 159

明确目的：目标明确，才能付出有效努力 / 159

平台选择：选好引流变现阵地 / 160

人员配置：分工明确，各司其职 / 163

开播工具：趁手"兵器"必不可少 / 164

　　场景布置：好的场景让流量和销量翻番 / 166

　　灯光布置：小细节决定大成败 / 168

　　脚本准备：推进直播高效、有序进行 / 170

　　直播测试：确保直播尽可能完善 / 172

第十三章　能力进阶：天花板级带货主播能力进阶指南 / 175

　　产品展现：让消费者更好地了解产品 / 175

　　洞察用户：了解消费者心理 / 177

　　卖货变现：快速晋升为带货达人 / 180

　　产品投放：全域触达引爆销量 / 182

　　合作洽谈：协助品牌走得更高更远 / 184

第一篇
电商设计：用视觉设计引导用户注意力

第一章　基础认知：电商与电商设计

依托于互联网、通信技术的不断发展与普及，电商兴起并迅速发展，成为当下零售行业的重要一环。对于电商而言，店铺的门面、主页的风格、商品详情页的基调，对于提升店铺点击率和销量有很大的影响。因此做电商，做好电商设计至关重要。

电商的起源与发展

电商，全称为电子商务，通俗来讲，就是依赖于互联网产生的一种连接线上与线下交易的商业活动。

电商自出现至今，经历了六个发展阶段：

第一阶段：起步期——基于电子数据交换的电商（1960~1993年）

早在20世纪60年代初期，人们就开始利用电报发送商务文件。但从严格意义上讲，这并不算真正的电商。后来，电子数据交换技术的出现和应用，才使电商获得了实质性发展。

第二阶段：雏形期——基于"三金工程[1]"的电商（1994~1997年）

进入20世纪90年代中期，国家开展"三金工程"为电子商务的发展打

---

[1] 三金工程：即金桥工程、金卡工程和金关工程，是国家实施的重大电子信息工程。

下坚实基础。电商发展雏形显现。

第三阶段：发展期——基于互联网的电商（1998~2000 年）

在 20 世纪末，互联网走进千家万户，商业贸易活动正式进入互联网时代，网上购物进入了实际应用阶段。中国第一笔互联网网上交易于 1998 年诞生。

第四阶段：稳定期——以 B2B 为主的电商（2001~2009 年）

进入 21 世纪，企业开始转型，创办了网上商店。一些互联网零售公司成立，如当当、淘宝等成为电商的领头军。这些生长在网络时代的企业，在短短数年内快速崛起，并成功占领了零售电商的市场。这个阶段，主要是以 B2B 为主的电商时代。

第五阶段：成熟期——电子商务 V5 时代（2010~2011 年）

随着 3G 网络的发展，进入了全程电子商务 V5 时代。这个时代与以往相比，主要特点是消费升级，用户需求多元化、个性化。此时传统互联网已经无法满足消费者对于电子商务平台的需求，在 3G 网络的推动下，移动互联网电子商务出现并得到蓬勃发展。

第六阶段：智慧期——基于云计算的电子商务（2012 年至今）

进入 2012 年，云计算技术的不断成熟，主动网络营销模式出现，此时，电子商务已经"脱胎换骨"，不再像传统销售模式一样给人生搬硬套的感觉，而是在营销过程中更具主动性，增加了更多与用户互动、给用户关怀等营销形式，从而企业可以与用户进行深层次沟通，真正知道用户想要的是什么。

近几年，短视频、直播与电子商务接轨，甚至成为电商标配。在短视频平台算法的加持下，商家能够对用户喜好、需求有更深层次的了解，电子商务智能化的特点越来越凸显。

时代在不断变化，电子商务随着时代的变迁以全新的形式、状态出现，给人们的生活带来更多的便利。相信电子商务在未来会出现更加惊艳的模式，我们拭目以待。

电商的特点

电子商务与传统商业相比，特点显而易见。主要体现在：

1. 网络化
电子商务最大的特点是网络化。电子商务乘着互联网之风蓬勃发展，改变了人们传统购物习惯，开辟了一个网络化、数字化消费时代。

2. 便捷性
在电子商务环境下，消费不再受到地域、时间的限制，人们足不出户就能通过电商平台完成逛街、支付，同时能够全天候查询订单信息，坐等送货上门。这样便捷的消费，让消费者体验实现质的飞跃。

3. 协调性
电子商务本身是对各部门协调性的一种考验。在电子商务环境中，生产商、批发商、零售商、银行、物流之间通力协作、相互配合，贯穿整个消费环节。

4. 自动化
在收到用户订单后，后台服务器可以将用户信息自动收集到数据库中，并对订单进行分析和处理。在用户完成购买后，系统会收集用户评价信息。电商通过分析差评寻找突破口，引导新商品的生产和销售，让产品和服务更好地满足消费者需求。

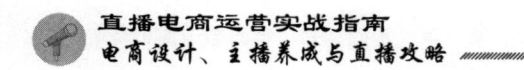

5. 去中心化

传统商业模式下，生产商需要花一大笔资金用于拓展分销渠道，使很大一部分利润被中间商赚取。消费者也不得不因此以高昂的价格购买商品。对于生产商和消费者都不利。

电子商务同传统商业模式相比，减少了商品的流通环节，没有经销商，同样可以实现商品流通。消费者直接从生产商手中购买商品，没有中间商赚差价，使商品销售价格下降，既有利于提升消费者获得感，也有利于提升生产商利润。

总之，电子商务打破了传统商业模式的壁垒，从根本上精简了商品流通环节，降低了运营成本，提升了运营效率，增加了生产商利润，提升了消费者服务体验。因此，电子商务的出现和应用就是商业发展的一大进步。

电商与电商设计的关系

电商的发展，离不开电商设计的支持。

电子商务通过在网上以图片、图文、视频的形式展现商品，给消费者带来不同的视觉感受，以此促进消费者购买和消费。所以说，电商的发展，离不开网络视觉营销思维的推动。网络视觉营销思维的实现，则需要通过平面构成、立体构成和色彩构成相结合进行突破。电商设计恰好是平面构成、立体构成和色彩构成的一种巧妙结合。

另外，做电商生意的目的就是卖货，精美的图文、视频设计则是吸引消费者购买的重要方式。电商设计包含产品参数、产品展示图、产品详情页、产品评价、卖点提炼等一系列内容。电商设计，一方面通过打造良好的店铺风格，营造具有特色的视觉感受，打造品牌形象，让更多的潜在消费者发现店铺，提高消费者的购买欲望，从而提升商家销量；另一方面可以为用户提供更好的使用界面，给用户消费带来更多的方便和快捷的使用感受，进而加速用户做出购买决策。

所以，电商商业化目的得以实现，一定要靠电商设计。好的电商设计可以有效促进电商变现。

电商设计的发展特点与未来趋势

在电商发展刚起步的时候，商家将注意力放在了如何抢占市场上，对于电商设计这一板块并没有给予足够的重视，认为电商网页上编排的文字和图片，只要能向消费者展示产品信息即可。

随着电商行业的不断发展，人们审美水平的不断提升，对电商设计提出了较高的要求。那些平平无奇的电商页面越来越难以吸引消费者的目光，产品变现则更是难上加难。

尤其在近几年，商家越来越意识到电商设计的重要性，便在电商设计方面下功夫，由此电商设计的发展体现出其特点，其发展趋势也被人关注。

1. 电商设计发展特点

当前，电商设计的发展呈现出以下特点：

（1）视觉呈现艺术化

爱美之心，人皆有之。每个人对美好事物的喜欢是毋庸置疑的。为了更好地迎合人们对于美的追求，当下电商设计最直观的特点就是视觉呈现艺术化。

虽然在设计电商页面的过程中，最基本的要素是体现产品、品牌的基本信息，但除了呈现这些基本信息，还要将这些信息以更加和谐、美观的形式展现给消费者。这样，消费者不仅在浏览产品、品牌信息，还在欣赏一份艺术作品。

比如，近几年，玻璃视觉效果就是一种很有艺术化色彩的电商设计形式。这种视觉效果通过玻璃作为前景，可以拉伸画面前后关系，塑造出一种深度的空间感。另外，玻璃是半模糊、半透明的，对于产品宣传来说也不会喧宾夺主，是一种很不错的视觉表现形式。

视觉上的愉悦可以带来精神上的愉悦，有助于提升消费者的购买意愿。在市场竞争如此激烈的情况下，电商页面设计在视觉呈现上越具有艺术性，就越能吸引消费者。

（2）编辑排版标准化

在很多人看来，电商生意能否做得火爆，自己的品牌和产品能否在一众竞争对手中脱颖而出，关键在于电商页面设计能否做到个性化。虽然说个性化设计能为品牌、产品带来与众不同的记忆点，但无规矩不成方圆，我们既要追求个性，又要兼顾设计的合理化、标准化。换言之，创新性设计能让我们的电商品牌区别于其他品牌，但创新要在满足标准化的基础上进行。比如，字体的标准化、装饰文字设计的标准化、图片像素大小的标准化等。否则，字体各式各样、图片模糊不清等，都会影响浏览效果，最终影响产品的交易效果。

（3）元素设计流行化

在互联网时代，信息传播渠道之广、传播速度之快我们每个人深有体会。"秀才不出门，便知天下事"是对我们当下生活的真实写照。因此，在做电商设计的时候，我们一定要紧跟时代的潮流，在品牌、产品页面的设计中融入当前广大消费者喜爱的流行元素，让页面更具吸引力。

相信大多数人对那些萌萌的、可爱的、国潮的东西都会表现出极强的喜爱之情。故宫淘宝是一个文创品牌，其电商页面的整体设计以故宫元素为主。但这个品牌在自带严肃感的国风元素基础上，还增加了"呆萌"元素，推出了清朝皇帝花式"卖萌"的表情包元素。这种严肃中透露着活泼的设计，与广大消费者的喜好相贴合，因此非常受广大消费者青睐。

2. 电商设计未来趋势

事物的发展总是在不断变化中向前推进。设计师也要做出相应的改变，比如在页面设计风格、尺寸上，要符合用户的习惯。一句话，就是我们的设计要为提升广大消费者的购物体验而服务。

从当前电商设计的发展现状来看，我们可以预想其未来的发展将呈现出以下趋势：

（1）PC 端转向移动端

随着互联网、智能手机的逐渐普及，越来越多的人开始喜欢甚至习惯了移动端通信、交友、娱乐、购物，这也使得电商品牌的发展随之变化，其经营重点将从 PC 端转向移动端。因此电商设计的整体发展趋势也应当从 PC 端向移动端转移。

（2）动态设计更加广泛

以往，商家页面的商品展示，都是通过图文的形式来实现的，这种扁平化、静态设计给人一种呆板、枯燥的感觉。动态设计往往具有很强的活跃性、趣味性，在做产品信息展示的时候，更具代入感，甚至能承载更多的信息，能很好地拉近产品、品牌与消费者之间的距离。

近两年，越来越多的电商商家会将动态效果融入页面设计中，希望通过这种更加新颖、更具创新性的动态视觉设计，更好地抓住消费者的眼球。

比如，对于一款油烟机，如果我们用文字和图片来介绍其抽油烟时的强劲吸力——"轻触高速键，立即启动 18m³ 大风量吸净油烟，0.77min 焕新厨房空气"，重点强调其抽油烟能力。这样的数字究竟代表怎样的抽油烟效果，普通大众毕竟不是这行业的专家，无法用自己的脑洞去想象，因此没有办法很好地得知其抽油烟能力到底有多强。但如果配上一张动态视觉效果图，则可以十分生动地为我们展示其吸油烟能力，一目了然。

这种以动态效果形式展示产品详情页信息，是一种发展趋势。

（3）IP形象应用更加频繁

如今，越来越多的品牌注重塑造品牌IP形象。因为IP形象更加与品牌贴合，品牌能够借助IP形象塑造差异化特点，有助于品牌在同类竞争者中被消费者很好地识别，并在广大消费者脑海中形成更加深刻的记忆。同时，IP形象更具生命力、亲和力，能拉近消费者与产品、品牌之间的距离，提升消费者对品牌的好感度，可以成为品牌的"吸粉神器"，为品牌带来更多的流量和更高的销量。

比如，京东的小狗形象、天猫的猫咪形象、三只松鼠的松鼠形象等，消费者会因为这些IP形象而更好地记住品牌。

有了这些显而易见的优势，很多商家在设计电商页面的时候，便将IP形象很好地融入其中，为品牌减少宣传成本，扩大知名度。未来，IP形象在电商设计当中的应用将会更加广泛。

（4）国风视觉将更加凸显

随着人们审美水平的不断提升，再加上精神层面需求的不断增加，国潮、传统文化类产品受到大众的喜爱。很多商家为迎合消费者的喜好，将国风视觉效果融入电商页面设计中。

比如，当下的一些国货品牌，其产品和电商页面设计，就是凭借特有的国潮风格和理念，给人更具亲和力的感受，受到广大爱美人士的青睐。

这种传统文化与东方美学完美结合的设计，在未来几年，依旧是主流设计风格之一。

（5）插画、三维特效成未来新风尚

以往，电商设计以平面设计为主，但随着电商设计的创新，插画、三维特效的优势逐渐凸显，三维设计更具张力，图片效果更加逼真，更能吸引人的眼球。这种设计形式补足了平面设计的短板，未来在电商设计中必然会大放异彩。

（6）轻视觉效果回归

有的品牌会在电商页面中设计很多视觉元素，以为这样的设计会营造一种与众不同的视觉效果，实则不然。视觉元素越多，越会给人杂乱、喧宾夺主的感觉。用户在视觉冲击下，能够接收到的产品信息反而少了。少即是多，轻视觉效果的作用更加明显。所谓轻视觉效果，就是在展现产品信息的时候，以纯净的单一色作为背景，整体上给人一种简单、简洁的感觉。这样更有利于通过舒适的视觉效果向消费者传达更多的产品信息。

总之，时代在发展，在不同的阶段，人们的需求和审美也在不断变化。在这种变化中，电商设计势必会朝着越来越成熟的方向发展。

电商设计范畴及设计要点

电商行业发展是大势所趋，搭建电商网站是走电商之路的必备环节，但在此之前，一定要对电商设计有全面的认知。

1. 电商设计范畴

电商设计其实是用户界面（User Interface，UI）的一个分支，它是传统平面设计和网页设计的结合体，是通过用户体验和人机交互，实现商品宣传，最终达到销售商品的目的。

因此，电商设计主要研究的是人、人与界面、界面这三个方面，其内容包括界面设计、图标设计、交互设计、用户体验这四个方面。

举个简单的例子。我们会发现，很多超市会张贴有关折扣促销之类内容的海报，但这类海报中的促销活动，需要消费者在超市门店内参与。这些超市线上店铺的电商设计则将产品的促销海报展现在店铺网页上，用户直接点击网页，就可以看到商品促销的电子版海报，而且整个购买流程都在网上实现。

2. 电商设计要点

电商网页设计的质量影响消费者的直观感受，进而影响店铺销量。因此，在做电商设计时，要掌握以下要点：

（1）界面交互人性化

电商网页是连接消费者和商品的桥梁，想要让消费者在网页停留更长的时间，在设计的时候必须使网页简洁明了、便于浏览。如果单个网页的信息量较大，就可以将网页进行拆分。

（2）更新维护快捷化

市场行情在变化，商品的价格也处于波动状态，商家需要更新商品信息，以刺激消费者的购买欲。因此，网页设计应当考虑网页更新维护的快捷化，以便消费者快速找到所需要的各种信息。

（3）网页内容最优化

通常，消费者能持续浏览一个页面的时间大约为10秒。如果你设置的网络页面响应时间超过10秒，消费者就会离开页面，去关注别家商品。因此，商家在设计网页的时候，应当缩短响应时间，如减少页面上的动画等的使用。

（4）界面风格统一化、差异化

电商网页设计中，界面的统一化是必须考虑的因素。界面统一化主要包括界面外观或视觉效果、结构布局的一致。比如你在淘宝上开了一家店铺，你的店铺主页与商品详情页的风格要给人视觉上的统一感。最简单的就是颜色的统一。

界面风格的差异化是指与其他店铺界面风格相比体现出差异化特点。差异化越明显，则店铺越能在消费者脑海中形成长效记忆，越能增加消费者的停留时间。

（5）信息的安全性

互联网是一个开放的网络，人们在网上活动，可能会受到黑客的攻击。商家在进行网页设计时，要确保信息流通的安全性。这里的安全性不仅包括技术的安全，还涉及系统管理、法律法规的保障等。

总之，电子商务与传统的购物方式相比，更加方便和快捷。但这种购物方式只有通过网络才能将商品信息传递给客户。在设计电商网页的时候，必须以用户的需求为主，最大限度地为消费者从视觉到操作上都营造一个和谐愉快、美观便捷、满意安全的交易空间。

第二章　店铺设计：快速设计优质页面，让店铺脱颖而出

当我们逛一家商店时，这家店的位置、店里的布置格局，以及商品的陈列顺序和摆放方式等很多因素都可以在潜移默化中影响我们。网店虽然和实体店不同，但同样需要精心设计，这样才能使店铺更容易在众多的网店中脱颖而出，赢得用户的青睐。

平台选择：选择比努力更重要

我们都知道在线下开店，地段非常重要。店铺在一个繁华的地段和在一个冷清的地段，营销情况一般会有很大的不同。我们开网店，地段的选择就变成了平台的选择——不同平台的流量有所不同。我们都知道流量非常重要，对不同类型流量的筛选也极为重要。选对了流量类型才能精准定位目标用户，让网店红火起来。

在同类流量下，如果流量中包含的目标用户更多，那么我们的生意自然会更红火。根据我们的店铺和商品来定位目标用户，然后选择目标用户多的平台，这样才会获得较好的转化效果。

1. 抖音

抖音近几年的发展速度非常快，在直播电商方面也做得很好，涌现出不少粉丝数量众多、知名度高的商家和主播。在抖音开网店的商家，商品一般以日用品为主，也有美妆和服饰类商品，数码类的商品相对较少。

在抖音开网店有个好处，就是做直播带货非常方便。抖音直播时和用户的互动非常方便，收到用户的打赏也很方便。由于在抖音刷短视频的人很多，看直播的人也很多，所以相比京东和淘宝等传统的电商平台，抖音直播更容易抓住路过的用户流量。想要快速收获粉丝和流量，并且所售商品不是数码类的店主，可以选择在抖音平台上开网店做直播电商。

2. 京东

京东一直深受年轻人的喜爱，它以送货速度快，商品质量和售后服务特别好著称。在电商直播火起来后，京东也在直播方面投入了很多精力，京东很多店铺都开始了直播带货。

与其他平台相比，京东是卖电子产品起家的，在电子类产品方面的优势很大。多年积累下来的口碑，使人们在网购电子产品时，往往更倾向于选择京东。因此，如果我们的店铺主要以电子类产品为主，可以优先选择在京东开网店，并做直播电商。在2024年跨年直播中，京东3C数码采销直播5小时就获得超过1亿人次的观看量，订单数量接近40万。

3. 淘宝

淘宝是很多年轻人最早开始接触网购的平台，而淘宝也比较早做直播。以前淘宝有很多美妆类的主播，人气非常高，被广大用户所熟知。相较在数码类产品方面更有优势的京东，淘宝在美妆、服饰等商品方面优势更大一些，女性用户也更多。因此，如果店铺主要以美妆、服饰类的商品为主，可以选择在淘宝上做直播电商。

4. 快手

快手作为比抖音更早出现的短视频平台，其知名度和流量一点都不比抖音差，不过，和抖音相比，其男性用户比例更高一些。整体来说，在快手上开店，和在抖音上直播带货差不多，最适合快手的也是非数码类的产品，而相对更偏男性化一些的商品也更适合在快手来卖。

5. 拼多多

拼多多作为电商平台的后起之秀，发展势头之猛超乎了所有人的想象。它迅速占领了下沉市场，在二、三线城市大受欢迎。相比京东和淘宝，它以商品价格便宜闻名。它发起的一些高价产品的百亿补贴活动受到很多用户的喜爱。不过，销量更高的大多是价格便宜一些的商品。

如果要销售价格相对较低的日常生活用品，在拼多多上开网店是个不错的选择，追求性价比的用户更愿意选择在拼多多这样更省钱的电商平台消费。

前期准备：了解平台游戏规则

我们不管选择在哪个直播平台开店，都要先了解平台的游戏规则，这是非常重要的前期准备。

了解平台的游戏规则，一方面能让我们避免犯错，不会触犯红线，遇到不必要的麻烦。另一方面能在规则内尽可能将我们的店铺设计得更合理，给我们带来更多的成交量。

一般来说，我们选择了哪个直播平台，并计划在这个平台开设自己的店铺，就要在开店之前去后台查看相应的开店规则，也可以咨询平台的客服。在商品符合平台要求的前提下，我们主要了解平台对商家资质的要求、入驻规范、店铺类型及名称规范、可经营范围、店铺的设置等规则。

不管我们粉丝数量多少，直播带货的业绩如何，我们在开店时都要严格遵守平台的规范要求。在这里，我们以抖音为例，来说一说抖音对店铺的一些要求。

点进抖音商城，在商城上方有一个"抖音小店"的入口，在里面可以看到抖音电商的入驻流程和入驻须知等一系列的内容。点击"资质规则"入口，可以看到抖音平台的各种资质证书，以及在抖音开店铺的规则要求等内容。

1. 商品合规

我们带货的商品要符合平台的规则，不能售卖违反国家法律和平台规则的商品。

2. 店铺类型

店铺类型多种多样，包括官方旗舰店、旗舰店、专卖店、专营店、企业店、个体店、个人店等。

3. 店铺命名

旗舰店：品牌名+一级类目（必填）+旗舰店。

专卖店：品牌名+企业商号+一级类目（可选）+专卖店。

专营店：企业商号+一级类目（可选）+专营店，不得以"××（品牌名）专营店"命名，如"宝锐数码专营店"。或者品牌（35类商标）+一级类目（可选）+卖场/百货，此命名形式需要提供命名品牌对应的35类服务型商标，若经营多类目，则选择其中一个经营类目即可。

企业店：品牌+一级类目（可选）。企业店的店铺名称不得使用"旗舰""专卖""专营""官方""直营""官方认证""官方授权""特许经营""特约经销"或其他带有类似含义的词汇。如果店铺名称出现品牌名（企业商号包含品牌且该品牌的权利人为商家店铺入驻主体的情况除外），需提供品牌授权。注意，部分类目不允许使用品牌名，在《类目不允许命名的品牌词》中可查看具体内容。

个体店：命名自定义，并且具体的规则和企业店相同。

个人店：命名自定义，具体规则和企业店相同。

另外，店铺名称只支持中文、英文和数字，还要注意名称字数和标志规范等。比如官方旗舰店和旗舰店等名称不得超过60个字符，企业店和个人店等名称不得超过40个字符。

店铺定位：好店铺得益于清晰定位

一个优秀的、知名度高的、让人印象深刻的网店，往往是有自己特定风格，让人一眼就觉得与众不同的店铺。想要在海量的网店中脱颖而出，店铺应该具备自己的特点。而这个特点要符合目标用户的需求，符合目标用户的审美习惯。因此，做电商设计首先需要对店铺风格做清晰定位。

店铺风格定位应当从以下五方面入手：

1. 品牌定位

定位我们的店铺风格，首先得确定我们带货的品牌，因为店铺形象要和品牌形象保持一致。

如果店铺销售很多种品牌，就根据商品的比例定风格。高端的品牌比较多，就让店铺的形象看起来高端、专业，让人一看就觉得有档次。如果平价品牌较多，就让店铺的形象看起来更接地气，吸引更多消费者。

2. 宣传方式

为了让用户知道我们的直播间，知道我们直播间的产品好、什么时候有优惠活动、优惠力度大，我们应该选择最适合我们的宣传方式。宣传方式和店铺定位也有很大的关系，如果我们的店铺定位为高端品牌，我们宣传时就应该更注重打造高端形象，如果我们的店铺定位为平价品牌，宣传方式就应该更亲民一些。不同的宣传方式对应不同的宣传渠道，比如在平台投广告还是用短视频做广告，以及设计广告页面的画面风格等。

3. 目标地区

我们知道，南、北方消费者的消费习惯和喜好的风格是有差异的，不仅是南、北方，不同的地区也存在着差异。我们在对店铺定位时，要确定我们的目标地区，然后根据该地区消费者的喜好进行店铺设计。这就像是入乡随俗，如果这里的人喜欢辣椒，我们就用辣椒的主题，喜欢凤梨，我们就用凤梨的主题，这里的消费者喜欢电子产品，我们就可以设计一个高科技的主题。

4. 目标用户

比目标地区更为重要的是目标用户。用户的差异往往是很大的。年轻用户可能喜欢游戏、动漫类的主题风格，中年用户可能喜欢生活化的主题风格，老年用户可能喜欢朴实无华的主题风格。另外，男性用户更喜欢实惠的价格，而女性用户除了价格，还对整体的感觉十分在意。根据目标用户的喜好去设计店铺和直播间风格，才能抓住他们的心。

5. 差异化

在设计店铺前，要多看一看竞争对手的店铺风格都是怎样的。如果很多人都采用某一种风格，我们就不应该再采用同样的风格，而要和他们保持差异。千篇一律的风格会让用户产生审美疲劳，独特的风格才更容易被用户记住，也更容易在众多的同行中脱颖而出。

素材挖掘：小素材聚集大能量

在直播时我们需要用内容来吸引用户，在开店的时候同样如此。现在网上的各种流行元素层出不穷，当一个网络热词或热"梗"火起来后，它们往往能给我们带来更高的流量和下单率。

素材不是一天两天就积累起来的，我们要在平时就多留心，将好的素材搜罗起来，有需要的时候就可以拿来用。

1. 官方素材库

有的平台会有自己的官方素材库，不要小看了这个素材库，里面可是有大量素材，并且是平台也比较认可的，我们可以拿来用。比如，抖音的"好物素材库"中的内容就非常丰富，我们可以在抖音的搜索栏里直接搜索"好物素材库"，然后在搜索结果中就可以看到这个素材库了。在抖音的这个素材库里面，我们可以看到各种各样的视频和图片内容，还可以按分类寻找素材。

我们可以按照自己的需要，找到合适的内容，用在我们的店铺设计当中。需要注意的是，虽然这是官方素材库，但我们在使用的过程中也要注意版权问题，不然有侵权的可能。

2. 购买素材

为了精益求精，也为了使素材更符合我们的个性化要求，我们可以通过一些专业的素材库购买图片或视频素材。正如广告要交给专业的广告公司来做一样，店铺的设计也是一个无形的广告，它的素材也值得我们精挑细选更有吸引力的素材。

3. 日常随拍

在日常的生活或工作当中，我们有时候会遇到一些非常好的场景，温馨的、奇特的、有吸引力的等。我们将这样的内容拍摄下来，如果这些内容能引起大多数用户的共鸣，说不定会成为店铺的一种个性化标签，甚至成为网上的一个热点。

4. 联合创作

一个人的力量是有限的，思路有时候会受到限制，无法想到好的点子和发现好的素材，我们可以和别人联合创作，共同发现好素材。平时和同事、朋友多交流，征询他们的意见，借用他们的智慧和灵感。还可以和其他同类型、同品牌的店铺沟通交流，共同使用一些好的素材。

5. 借用热门话题

网上热门的话题层出不穷，我们不一定能够自己创造出热门话题，但我们可以抓住热门话题的流量。平时我们就要多关注那些热搜上的内容，一旦发现有适合我们店铺的热门话题，就立刻将相应的图片或视频做出来，这样就可以迅速抓住热门话题的风口，让我们的店铺吸引更多流量。

第二章 店铺设计：快速设计优质页面，让店铺脱颖而出

店铺装修：精美页面更吸睛

不管我们的网店是哪一种风格，在确定风格之后，我们都应该精心装饰它，让它具备十分显著的特点，也让它能夺人眼球。

1. 智能装修

在抖音平台，进入抖店，选择"店铺装修"，就可以看到装修的相关内容。没有装修过的店铺都是原始的状态，"一键智能装修"功能提供很多模板，我们可以寻找和我们的商品类目相匹配的模板，对店铺一键装修。我们还可以添加组件，包括公告栏、宣传组件、海报、营销组件等。其中，海报可以使用智能作图工具完成，我们即便没有制作海报的经验，也可以轻松制作出适合自己店铺商品的海报。

2. 商品数量

在有些平台，商品数量太少会导致装修不合格。比如，抖音的店铺在装修基本完成之后，还要看"店铺运营"当中的店铺装修质量是否合格，如果显示"不合格"，就可以检查商品数量。商品数量存在问题则会显示"商品力不合格"，想要达到合格的水平，店铺要有至少20种商品。

3. 商品分类

我们需要对商品分类，不然整个店铺就会显得混乱，不利于用户挑选。抖音的商品分类如果没做好，店铺的装修质量还是会显示不合格。在"店铺运营"界面，点击"启用分类项"下面的"去优化"按钮，然后点击"新建

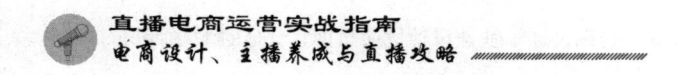

版本"，在弹出的页面中就可以对店铺的商品进行分类了。

4. 商品页面优化

在上述三步完成后，店铺基础装修就完成了。在抖音如果想要进一步精装店铺，还有自定义页、搜索分析页、定制服务等一系列功能。不过，店铺在刚开始运营的时候不太需要这些功能，我们更应该关注的是商品页面的优化。因为用户在商品页面停留的时间比在店铺页面停留的时间要多得多。

商品页面优化包括商品标题、商品主图、商品视频、商品详情等，这些都是需要我们精心设计的。一张有视觉冲击力的图片，加上代入感十足的商品展示视频，配上有感染力的商品详情文字，用户的心一下子就被抓住了。

5. 合适的颜色

颜色可能会被不少人忽略，但它对一个电商店铺来说非常重要，能够使店铺显得更加有氛围感和高级感。我们的商品包装是怎样的色彩，店铺就可以使用和它相得益彰的颜色进行装修，这样能给人一种舒适的感觉，有强烈视觉冲击力。

空间设计：好的布局更具高级感

我们开的网店可以很大，商品也可以很多，但展示在用户面前的永远是只有屏幕那么大的一小部分。如何在这么小的范围内展现出更多的内容，把最吸引用户的内容首先展现出来，让我们的店铺看起来更具有高级感，这些都是需要我们认真思考的问题。

1. 海量的隐藏信息

当我们同时看到很多内容，可能无法抓住重点，因为我们的眼睛一下子捕捉了太多信息，可当我们看到的内容并不多时，我们反而会去思考，发现背后隐藏的内容。

所以我们可以将店铺设计成映入用户眼睛的只是一两件商品，但是在商品上方排列着很多商品种类选项，这样用户就能明白，我们有很多商品，而且翻找起来也很方便。

2. 优惠券

用户在购买商品时，他们极为关注的一个点是优惠券，我们应该将优惠券放在显眼的位置，让用户一进店铺就可以看到。一般可以将优惠券信息放在店铺名称下方，让用户一眼就发现它。不要将优惠券藏在用户难以找到的角落里，那样会令用户体验很差，如果用户买完商品才发现还有优惠券，可能会很恼火。

3. 限时优惠

限时优惠是吸引用户快速下单的一个好方法，如果我们设置一个限时优惠的版块，可以将这个版块放在优惠券的下方。总之，优惠类的内容放在显眼的位置，用户进店铺可以直接看到就对了。

4. 上新专区

新品专区可以放在优惠类内容的下方，用新品来吸引用户的目光。特别是对于服装类商品来说，新品对用户的吸引力往往是很大的，要放在页面前面的部分优先展示。

5. 猜你喜欢

除了榜单，"猜你喜欢"这类的商品推荐也是很好的，能够将一些热销的商品推荐给用户，解决用户的"选择困难症"。当用户进入一个店铺后，除了看各种榜单，他们也愿意去看一看"猜你喜欢"这种给他们推荐商品的内容，如图 2-1 所示。

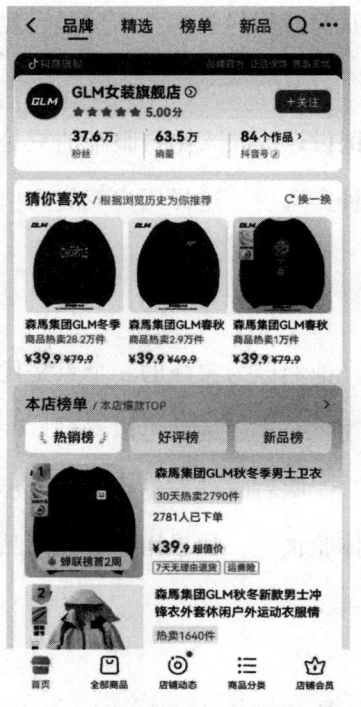

图 2-1　抖音某店铺页面布局

6. 排行榜

用户在挑选商品时，可能会感觉比较麻烦，他们需要有一个参考，如商品的销量、口碑等。我们可以设置一些榜单，如销量榜、口碑榜、好评榜、回购榜等。如果我们这个榜单设计得很好，不但能够方便用户挑选，还能让用户更愿意下单，因为销量高、口碑好的商品一般质量也较好。

第三章 核心要素：优质电商网页设计必备五要素

优质的电商网页设计可以很好地激发消费者的购买兴趣，进而促进商品购买率。在做电商网页设计的过程中，一定要掌握五大核心要素。

文字：可读性与美感并存

电商网页中的文字不但可以用于介绍商品，还可以用于展示店铺名称和标语，给文字添入适当的设计元素，可以增加页面的可读性，更好地体现店铺风格。

那么网页文字该如何设计呢？

文字无论字体、字号还是颜色的选择，都要遵循统一的文字风格。

1. 字体

字体也是有性格特点的，每一种字体都有其独特的风格。比如，楷体给人一种复古感，黑体带有现代感，粗体字给人一种力量感，细体字给人一种柔美感。

不同字体的特点还需要我们去用心发现和感受。在做文字设计之前，要根据产品特点或整体页面的风格类型来选择相应的字体。比如，做女装类目的网页设计，就可以使用相对纤细、柔美的字体。

在一个页面中，字体最好不要超过三种，否则就会给人一种杂乱感，反而失去了美感。通常，标题使用一种字体，正文部分使用另一种字体，而且正文的字体要比标题细一些，这样会给人一种大气、干净的感觉。

2. 字号

在进行字号选择的时候，标题字号要大于正文字号，这样可以很好地突出标题。常用网页字号一般有24px❶、18px、16px、14px，24px是主内容字号是最常用的字号，导航文字通常选择18px、16px、14px。

3. 颜色

在进行文字颜色设计的时候，要遵循两个原则：

第一，确定主体色，即整个网页的颜色。通常会根据产品类别进行颜色设计。网页中，除白色背景之外，大量使用的文字颜色，就是这个网页的主体色。

比如，农业产品店铺的网页主体色通常为绿色；婚庆产品店铺的网页主体色通常为红色。

在设置文字颜色的时候，要根据主体色来选择。不同的文字颜色会给人带来不同的情绪变化。

红色：可以让人振奋，充满活力和热情。

橙色：给人一种轻松、温馨、时尚的感觉。

金黄：容易营造一种舒适、优雅的氛围。

绿色：给人一种和谐、宁静、健康、环保的感觉。

---

❶ px：是 pixel 的缩写，即像素，是一张图片中最小的点，一张位图就是由这些点构成的。

蓝色：让人感觉清爽、清新，淡蓝色结合白色还可营造浪漫、温馨的氛围。

紫色：给人神秘、富贵、压抑的感觉。

黑色：容易让人产生压抑、悲伤感，同时带有一种神秘、深沉感。

白色：可以与任何颜色搭配，给人一种明净、清新的感觉。

灰色：往往能营造出一种高雅、温和的氛围，也会让人感到心情压抑。

第二，选择相近色。文字的颜色搭配最好选择相近色，这样能很好地保持主体色的统一性。

比如：黄色配淡黄色、红色配西瓜红色等。

另外，在网页的标题部分，文字可以使用与主体色相反的颜色，以更好地突出标题。

4. 字间距、行间距

字间距、行间距的设置是为了给人以视觉上整洁、美观的感受。

通常，字间距越大，越能给人以轻松感；字间距越小，越会给人以紧促感。字间距设置要适中，不宜过大或过小，不能影响阅读。

行间距设计与字间距设计的原则相同，行间距的宽窄给人的感受，与字间距宽窄给人的感受相同。行间距同样要适中，但行间距略大于字间距会更便于阅读。

总之，电商网页设计中，文字是一种重要的构成要素，在设计文字的时候，必须讲究两个原则：

第一，可读性。文字在页面中的作用就是向消费者传达产品的相关信息。因此，一定要确保文字的整体效果，给人以清晰的印象，让消费者看到文字介绍后，能对产品有更好的了解，切勿为了设计而设计。

第二，美观性。在视觉传达的过程中，文字还要给人以美的感受。字形设计良好、组合巧妙，会给人一种阅读的愉悦感，给人留下美好的印象，也直接影响着用户的购物体验。从另一个层面来讲，文字设计的好坏决定了电商设计的成败。

图片：成功吸睛才能成功吸金

电商网页中，图片是产品信息传递的最好媒介之一。以图片形式向消费者展示产品，能提升产品的曝光率，进而影响产品的销量。

网页的图片设计要掌握以下技巧：

1. 主图要有吸引力

主图，即网页页面中消费者第一眼看到的第一张产品图片。

（1）规格

主图的规格要求通常如下：

第一，图片尺寸要求是 750px×352px。

第二，图片大小通常在 1MB 以内。

第三，图片格式只支持 JPG 和 PNG 两种。

（2）设计技巧

商品详情页面要想获得高点击率，就要掌握主图设计技巧。

①注重美观

一张优质的主图可以让你的商品在众多竞品中脱颖而出。为了确保主图的美观性，我们不但在拍摄主图的时候要多下功夫、多花时间和心思，而且拍摄完成之后，还要后期对照片进行修图，要让图片美观和清晰、无色差、无变形等。

②有吸引力

精美的产品主图能在第一时间吸引消费者的注意。主图设计要明显区别于别人，才能更有吸引力。当然，主图背景要结合产品本身特点去设计，不能为了设计而设计，用力过猛则会适得其反。

2. 轮播图

轮播图类似于主图，不同的是主图的图片是静止的，而轮播图的图片是滚动播放的。轮播模式是商家上传多张主图，然后将主图以幻灯片的形式循环播放。当消费者滑动轮播图，就可以很好地了解店铺商品特点。

（1）规格

轮播图的规格要求通常如下：

第一，图片尺寸要求 750px × 352px。

第二，图像大小低于 1MB。

第三，图片的数量一般不超过 10 张。

（2）设计技巧

不是随便上传几张图片作为轮播图就能达到引流的效果。以下设计技巧必须掌握：

①展示足够的商品信息

既然能上传多张图片作为轮播图，就要将每张图片充分利用起来，充分展示商品信息。在设置轮播图的时候，要融入商品亮点、促销信息、购物保障等信息。尤其是第一张图片更为重要，它决定了消费者是否继续浏览，所以第一张图片一定要精心设计，保证最大限度地引入流量。

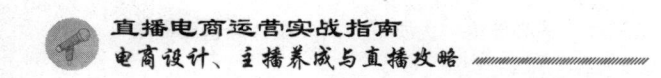

②突出卖点

想让商品快速成交，就要减少消费者的决策时间，将商品的卖点更好地展现给消费者。在前几张轮播图中，一定要突出商品卖点。这里的商品卖点，可以是产品特点，也可以是促销活动等。

3. 详情图

详情图在点击主图后跳转的详情页内。优质的详情图包括定价主图和详情页副标题、评价、买家秀、商品详情、产品参数、场景图、细节图、好评图、实力展现图等所有在详情页能够看到的东西。

（1）规格

详情图的规格要求通常是：

第一，图片尺寸要求宽度在480~1200px，高度在0~1500px。

第二，图像大小低于1MB。

第三，图片的格式只有两种，分别是JPG和PNG。

第四，图片数量在20张之内。

（2）设计技巧

设计详情图的时候，需要掌握以下技巧：

①局部放大展示细节

详情页的主要作用就是全方位、细致化地展现商品特点与优势。在设计详情页的时候，要以放大局部或细节为主，让消费者更好地了解商品。

②直奔主题

详情页的目的就是介绍产品，在详情页中，图片设计要直奔主题，而且在设计详情页的过程中，要注重整体视觉效果，不要有太多辅助性元素，以免分散消费者注意力，如图3-1所示。

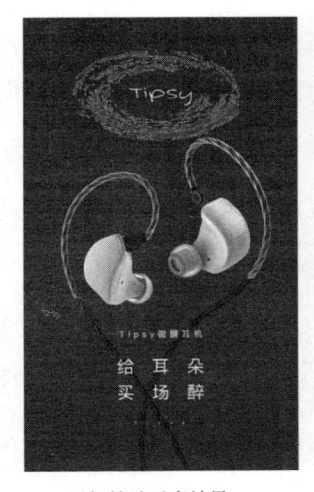

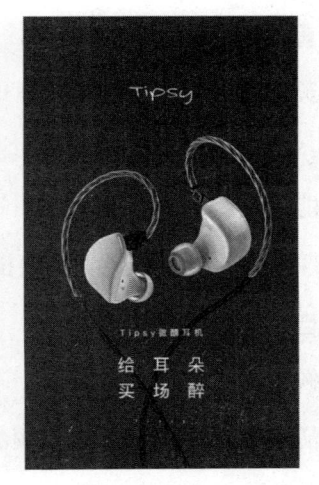

添加辅助元素效果　　　　　　不添加辅助元素效果

图 3-1　详情图添加辅助性元素和不添加辅助性元素对比

以上图片中，不添加辅助性元素的产品海报更加简洁、大气，能让消费者将目光直接聚焦在商品上。

以上为电商网页图片设计的一些思路和技巧，在设计的时候，以不同图片的作用为重点进行设计和延伸，才能打造出高点击率、高转化率的优质页面。

视频：动态直观展现产品细节

随着短视频的兴起，电商网页中加入视频也已经成为电商网页设计中的标配。与图文相比，视频能够承载更多的信息。拍得好的视频可以向用户更好地传递产品信息，这种产品传输信息的形式更富有表现力。

在电商网页中进行视频设计时，要掌握以下技巧：

1. 包含重要信息

不同消费者的喜好各不相同。有的消费者喜欢看视频，倾向于通过的方式了解商品；有的消费者则希望通过观看图片和文本信息快速了解商品。所以，我们不能预测哪些消费者会观看视频，但我们能做的就是通过视频来更加直观地呈现产品的重要信息，以便消费者获取信息。

2. 设置自动静音

有的时候，消费者想观看视频，但并不想受到视频声音的影响。所以，为了更加灵活地满足消费者观看视频的需求，最好设置自动静音播放，便于消费者根据自己的需求来选择静音观看或者外放声音观看。

3. 牢抓每一秒

网页中的视频，通常是以短视频的形式出现的。因为消费者是来购物的，长视频会让消费者失去耐心。我们更要牢抓短视频的每一秒，让产品展示更加直截了当，使消费者在最短的时间里了解产品及其价值，这样才能使产品给消费者留下更好的第一印象，进而使消费者对产品产生更多的浏览兴趣。

电商网页中的视频是为了丰富商品信息展示形式，在设计的时候，要在充分体现商品特点和价值的同时，还要以消费者的体验作为考量，这样设计的视频才更有意义。

功能：功能越齐全，转化率越高

好的电商网页设计往往功能齐全，因为这在一定程度上决定着商品转化率。

具体来讲，一个完整的网页，在设计的时候，应当包含以下功能：

1. 客服功能

网页设计中，客服功能是最重要的一环。客服是联结消费者与商品的桥梁，也是促成交易的销售员，还是加强双方关系的联络员。在设计客服功能的时候，要做好以下三个方面的安排：

（1）快速响应

电商客服系统应当支持每周 7 天，每天 24 小时在线，要保证每时每刻都能满足消费者的服务需求，给予消费者快速响应。

（2）准确了解用户意图

电商在线客服系统可以根据消费者询问的商品、订单等数据信息判断用户意图，并根据预设渠道向消费者发起会话。

（3）对话智能化

如今，很多商家为了节省人力成本，会接入智能客服系统，在具有智能语音交互功能的同时，实现与消费者之间的多轮对话；还能通过识别消费者的声纹，给予消费者最真实的反馈，并通过文本传递给消费者；还能通过消费者的行为习惯和偏好，为消费者推荐更加贴合需求的商品。

2. 收藏功能

消费者在做好购买决策之前，会将商品收藏起来，以作备选。消费者在未来有需求的时候，有可能进行加购。这就需要在电商网页设计的过程中，注意收藏功能的设计。

3. 分享功能

电商生意，重在引流。分享是一个很好的引流方式。对于有价值的商品，消费者往往会主动将其分享出去，让更多与自己有相同需求和喜好的人

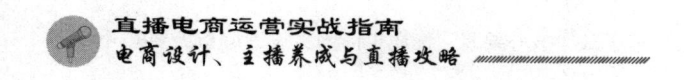

购买这款商品。这样的做法既高效，又精准，还能实现低成本。

4. 交易功能

线上店铺的交易功能好比线下实体店铺，其中陈列的商品十分丰富。打造交易功能后，消费者可以进入店铺，购买产品。

以上是电商设计必不可少的四大功能。商家在设计店铺的时候，要注重人机交互，注重用户操作的便捷性，在此基础上才能获得用户更有效的转化。

价值主张：传达产品价值，让客户愉快下单

在店铺设计过程中，除了需要借助文字、图片、视频、功能来吸引消费者，还需要注重价值主张的体现。因为，消费者在购买产品时，除了会通过文字、图片、视频等了解产品功能能否解决自身痛点，还会关注产品的价值和价格。这也是提升电商网页转化率的一个重要方面。

那么什么是价值主张？价值主张指的是企业以客户为中心，为客户创造有价值的产品或服务。换句话说，就是企业站在客户角度思考问题，为客户提供产品或服务，使客户从互动关系中获得超值利益。这也是客户心甘情愿地购买你的产品而不选其他产品的理由。

消费者每天接触的广告信息非常多，要想让消费者记住你，关键还是让他们认为你的产品或服务有价值，而且是其他产品所替代不了的。这就需要进行价值主张设计。价值主张就是让客户能够记住你、需要你的根本原因。

例如，很多人买大型家居产品，最头疼的就是将其搬上楼，然后自己安装。如果你在设计网页的时候，以为客户提供便捷、轻松和愉悦的购物体验作为价值主张，在网页中突出购物即可享受免费送货上门、免费安装、终身免费售后的承诺，那么消费者自然会毫不犹豫地选择我们的产品。

那么如何在网页设计过程中体现你的价值主张呢？

1. 价值主张重在行动

在设计价值主张的时候，重在主动提出围绕产品且有利于消费者的实实在在的行动，而不是一些虚头巴脑的承诺。试想一下，相比一些虚无缥缈的承诺，实实在在的解决方案是不是更能俘获消费者的心？

2. 价值主张重在满意度

你的价值主张是什么，就要在交互过程中满足消费者什么。消费者选购商品，往往是奔着产品所附带的价值去的，他们对商品的满意度往往与他们的期望值挂钩。如果设计的价值主张超过他们的期望值，且超越得越多，他们就对你的产品越满意，也就越能激起他们的购买积极性。

总之，消费者需要的并不是产品或服务本身，而是产品或服务所带来的价值。只有认识了消费者真正的需求，才能更好地设计你的价值主张，让消费者看到。这才是让消费者愉快下单的根本原因。

第四章　逻辑法则：电商网页设计基本创意思路

电商网页在商品展示、吸引目标受众方面有着不可替代的作用。设计电商网页并不是一件"拍脑袋"就去做的事情，深思熟虑、全方位考量后才能着手设计。掌握电商网页设计的基本创意思路，你也可以打造出优质的电商网页。

构图：出彩构图让用户第一眼就被吸引

一个成功的电商网页，需要由良好的画面来展现，让消费者第一眼看到就被吸引。

良好的画面需要精湛的构图技巧来实现。好的页面构图不但能让你的设计出彩，还能让你的销售转化事半功倍。

这里分享三种电商网页构图技巧。

1. 几何切割

自然界中的图形随处可见，有三角形、正方形、圆形、六边形等。在设计电商网页时，要对图形进行适当的切割，能使页面具有动感美，呈现意想不到的效果。

（1）简单切割构图法

对画面图形进行随意切割，既能使构图更自然和灵动，也能让内容区域得到有效划分。这种切割方式是最常用的一种页面构图方式，如图4-1所示。

图4-1 简单切割构图法

（2）对称切割构图法

对称切割，顾名思义就是画面构图呈对称形式，如上下对称、左右对称、对角线对称等。形成对称的两部分会形成视觉上的对立关系，给人以强烈的视觉冲击力，同时能使画面具有平衡且不失重的效果，如图4-2所示。

图4-2 对称切割构图法

（3）组合切割构图法

组合切割构图法是通过集中各种图形且对齐进行有规律的排列，使整个画面设计更具立体感。这种构图方式中，每个区块都是平级、并列关系，布局更具创意，如图4-3所示。

图4-3　组合切割构图法

2.整体场景构图法

整体场景构图法通常适用于产品促销、节日、活动等页面。在整体场景构图法中，需要先搭建画面关系，然后添加细节性内容。在构图的时候，要适当做减法，不要让场景抢了产品的风头，如图4-4所示。

图4-4　整体场景构图法

3. 放射构图法

放射构图法，就是从一个中心点向四周扩散的构图方法，它能起到很好的导向作用，使整个页面给人以立体和空间感。这种构图法更加适合没有文字，或者文字较少的情况，如图4-5所示。

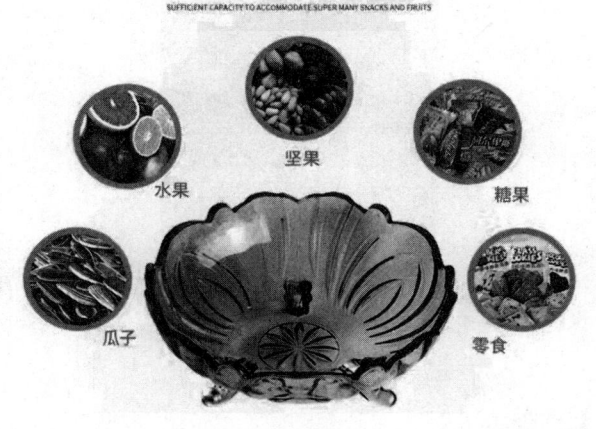

图4-5 放射构图法

在产品趋于个性化、趣味性、美观化的今天，电商网页构图千变万化。以上只是电商网页构图方法中常用的几种，商家在构图时，要根据不同的主体和内容选择适合的构图方法。

色彩：用恰当色彩视觉抓住受众眼球

有关研究发现，人在观察物体时，最初20秒中，对物体色彩的感知占据80%，其次是对形体的感知，占据20%。可见色彩的选择在电商网页设计中起着至关重要的作用。

在进行电商网页设计的过程中,选择恰当的色彩可以让消费者有良好的视觉感受,进而有效增加消费者在页面的停留时间,提高购买欲。

关于色彩的三要素、色彩的性格本书不再赘述,这里重点介绍电商网页设计中常用的色彩应用技巧。

1. 黑白灰主色调 + 高饱和辅助色

黑白灰是三种基础色彩,三种颜色的搭配给人以高级感和现代感,但如果大面积使用,会给人一种枯燥和单调感。如果在三种组合色彩的基础上添加一种高饱和度的辅助色,则会产生很强的视觉冲击力,能够很好地引导受众将视线放在商品上。

2. 产品主色调作为画面主色调

产品主色调作为画面主色调很好理解。因为同色系是一种非常高级的色彩组合,使用同色系中的不同色调进行配色,可以让画面更具层次感、高级感。借助这一特点进行电商网页设计,能够很好地彰显网页的美学特点。例如,马卡龙小圆饼的颜色和包装的颜色都是粉色系的,在设计的时候,也使用同色系做搭配,营造浪漫的氛围。

3. 结合产品特点与色彩性格进行搭配

在前面我们讲过,色彩是有性格的。在设计网页时,也应当根据产品特点与色彩性格进行搭配。蓝色让人感觉清爽、清新。蓝色这样的冷色调,通常适用于需要彰显自然、环保、干净、清爽的护肤产品领域。这样的颜色搭配能让消费者对产品产生"安全不刺激"的心理认知。

给电商网页配色的过程中,一定要有理论做支撑,还要了解不同色彩的情绪和性格,为选择合适的色彩设计提供依据。

风格：高颜值页面带来高流量和高销售额

电商网页也是讲究格调的，即便销售相同品类的商品，也要保证设计风格鲜明，美观大方，优雅舒适，层次清晰，给消费者留下良好的第一印象。相比较而言，那些高颜值页面，能通过与众不同的视觉感受斩获更多的流量和销量。

常见的电商网页风格包含以下五方面：

1. 国潮风

近几年，国潮风兴起，深受广大消费者的喜爱和青睐。国潮风将东方美学与现代设计巧妙融合，迎合了当前追逐高颜值、走在时尚潮流前列的年轻人的胃口。

在国潮风的设计中，我们可以添加具有浓厚东方色彩的图案和元素，如国画水墨元素、中国古建筑风格、祥云等吉祥元素及吉祥色彩等，使整个页面具有中国古典文化的韵味。

2. 极简风

极简风的特点是采用温和、低浓度色调，而且整个页面会有留白，给人以干净、简洁的感觉，如图4-6所示。

3. 插画风

插画风通常是以手绘的形式出现，在充满童趣的字体的衬托下，可爱的画风使得画面更加充满稚嫩感。插画风更加适合于家居、视频、创意、工艺品之类的商品。通过卡通形象可以更好拉近品牌与消费者之间的距离，增强品牌互动性。

图 4-6 极简风

4. 动画风

动画风，顾名思义，就是用动画的形式来呈现页面风格。动画风通常给人以立体感、层次感，如图 4-7 所示。

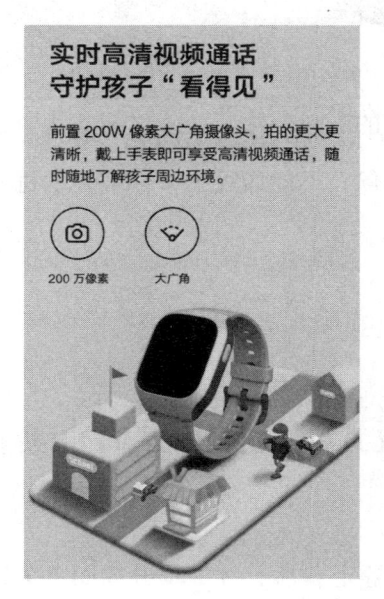

图 4-7 动画风

5. 潮流风

潮流风通常融入街头元素，并添加涂鸦元素和粗描边，潮流感满满，如

图 4-8 所示。

图 4-8 潮流风

随着人们审美素养的不断变化，品牌之间的竞争也包含了审美竞争。商家在设计电商网页的时候，不能像过去一样堆叠素材，而要注重网页风格的选择，讲究网页设计的美感。

排版：精美版式布局提升界面审美价值

电商网页需要进行精心排版，才能提升界面审美价值，给消费者带来赏心悦目的视觉盛宴。同时，合理的版式布局，可以很好地展示产品特点，是提升销售转化率的关键。

1. 版式布局

如何做页面版式布局呢？

（1）横向排版

横向排版是最常见的排版布局形式。这种排版形式，在视觉上更加醒目和直接，如图4-9所示。

图4-9 横向排版

（2）竖向排版

竖向排版可以营造一种优雅、传统的氛围。阅读流畅性与横向排版相比显得稍弱一些，如图4-10所示。

图4-10 竖向排版

（3）横竖向排版

横竖向排版涵盖了横向排版的易读性与竖向排版的美观性。这种版式更加适合信息量较多的页面，通过不同的版式，使"主横次竖"的层次很好地体现出来，使画面稳而不乱，如图4-11所示。

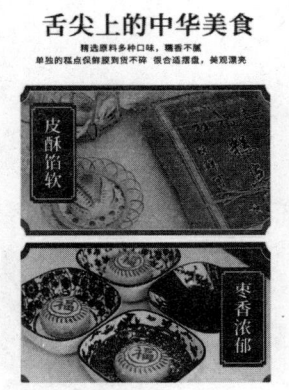

图4-11　横竖向排版

（4）分栏式排版

分栏式排版，是一种特殊的排版布局形式，通常将画面分成两份、三份、四份等，然后与文字进行排版。这种版式杂志感、视觉吸引力强。分栏式排版分为水平分栏（图4-11）和竖向分栏（图4-12）。

图4-12　竖向分栏式排版

（5）分组上下式排版

分组上下式排版，是在组内进行上下布局，各部分之间对称排列。这种版式与单一的横向排版或竖向排版相比，增添了不少灵活感，如图4-13所示。

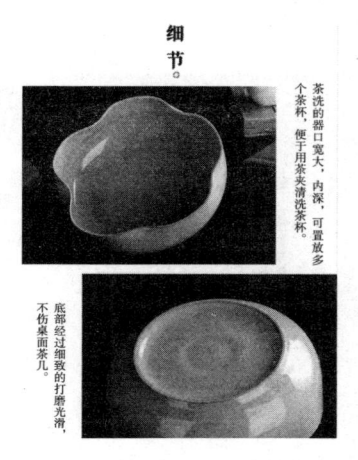

图4-13　分组上下式排版

（6）分组左右式排版

分组左右式排版，是在组内进行左右布局，各部分之间呈重复或对称排列。这种排版方式同样给人自由灵活、错落有致的感觉，如图4-14所示。

图4-14　分组左右式排版

（7）总分式排版

总分式排版，就是一侧展示产品图，另一侧分组展示细节图，并辅以细节描述；或者一侧进行总的描述，另一侧分组展示细节图，并辅以细节描述，如图4-15所示。

图4-15　总分式排版

（8）拼图式排版

拼图式排版，就是将细节描述与图片进行拼接，如图4-16所示。

图4-16　拼图式排版

（9）分散环绕式排版

分散环绕式排版，是产品图在中心位置，细节描述分散环绕在产品图周围。

2. 版式设计原则

版式没有绝对的好坏，只有适合与不适合。在设计的过程中，可以根据产品特点进行设计。在设计的过程中，除了要美观，更重要的是能够最大限度地展现产品信息。具体来讲，要遵循以下原则：

（1）布局合理

不论选择哪种版式，都要保证整个页面布局，以易于消费者阅读为基准，图片、文字等信息内容安排具有合理性。

（2）突出主题

优秀的网页版式设计会让消费者感到美观和大气。在设计版式的时候，要注意突出主题，以便消费者更好地抓住页面中的主要信息。

（3）符合审美

版式设计事关大众审美需求，在设计的时候要充分考虑人们的视觉感受，同时还应当注重消费者的心理特点，然后确定各元素之间的视觉关系。

总之，电商网页版式设计应当以展现和突出产品信息为主，在此基础上进行调整和美化，才能既实现产品信息传递，又满足人们的审美需求。

第五章　详情页设计：给用户最直观的体验和简明的导航

电商网页中的商品摸不到材质、尝不到味道，在以图文、视频形式展现后，我们能够看得到它们的外观和特点。让商品材质、特色更好地展现出来，打造优质的详情页是重中之重，设计最直观的用户浏览体验和简明的导航，在一定程度上直接决定了消费者的购买决策。

详情页四大板块设计及风格要求

详情页指的是详细介绍单个产品功能、款式、材质等的页面。在很多人眼里，详情页决定着转化率。但实现转化的基础，就是详情页设计得足够优质。好的产品详情页能给消费者一个明确的利益点。这就是消费者心甘情愿买你的产品而不是其他同类产品的理由。

在设计详情页的时候，需要包含以下四个板块：

1. 商品展示板块

商品展示板块，包含商品图、购买说明、规格选择、优惠价格等，总之就是对商品做一个简单介绍。

2. 用户评价板块

用户评价板块，主要是为了传递给目标用户更多关于商品的信息，更重要的是通过使用过产品的用户亲测后的产品评价、售后服务评价等真实反馈，提升目标用户对商品的好感度和信任度，从而消除内心顾虑，提升目标用户的转化率。

3. 图文详情板块

图文详情板块，就是通过图文的形式，展现商品的基础信息，如材质、规格、工艺、质量、价格等信息。在做商品展示板块设计之前，我们要真正了解自己的产品及市场上同类的产品，明确自有产品的卖点，还要知道消费者关心的是什么，然后结合自有产品，提炼出重点文案，并配上合适的图片。在设计时，除了发挥自己的创作天赋，还可以参考同行，发现同行在挖掘产品卖点时的闪光之处。而且，卖点还需要分出主次，让图文详情板块的前半部分信息展示更加突出。

4. 店铺推荐板块

店铺推荐板块的作用是根据用户浏览的喜好，为其推荐相关同类产品或者与此页面商品相搭配的其他商品，给用户提供更多的选择机会。

以上四个板块组成了详情页，但板块即便不同，也应当保证布局风格稳定，保持与店铺的整体风格统一，给人一种视觉上的舒适感。

详情页存在的意义就是吸引消费者"买买买"，甚至吆喝他们身边的人一起来买，从而形成良性循环。一个优秀的电子商务网页，一定会确保详情页设计的美观性、统一性、完整性，将每一个细节都做到极致。

遵循消费者购物心理路径

电商平台上的同类商品千千万，为什么消费者最终选择购买某一家的商品？其中就暗藏了消费者的购物心理逻辑。换句话说，消费者购买任何一件产品，绝对不是没有任何动机的，而是从关注产品到购买产品，整个过程中会形成一条购物心理路径。

如何理解消费者的购物心理路径呢？

以我们购买一台电冰箱的全过程为例。我们走进家电商场，首先是带着需求去的——买一台品牌电冰箱，预算控制在 5000 元以内。当看到商场里陈列的众多电冰箱时，我们被一台极简款式、双开门、白色冰箱所吸引，并走近驻足观看。我们发现这款冰箱的颜值、价格、品牌都让自己十分满意。甚至已经在脑海中呈现出自己在家使用冰箱的场景。

此时，一位销售员走过来询问我们的需求，并向我们详细介绍这款冰箱，包括省电节能能耗为一级、噪声小，而且使用寿命长达 12 年，而其他电冰箱的寿命一般为 10 年。这样的优点增加了我们的购买欲。之后，销售员还补充，这是有 15 年历史的冰箱老品牌，他们还为这台冰箱提供免费上门安装服务，后续如果有任何质量问题，都会提供免费售后服务。而且当天正好有品牌周年庆活动，购买可以享受优惠。

在得知销售员推销的这款冰箱的各项优势和优惠政策后，我们还将其与其他冰箱进行对比，最终下决心购买了这款产品。

从整个购物流程中，我们会发现一个完整的购物心理路径：

第一步：注视阶段——驻足在某一款冰箱前观看。

第二步：兴趣阶段——冰箱的颜值、价格、品牌都让自己十分满意，对这款冰箱产生了兴趣。

第三步：联想阶段——想象这款冰箱的使用场景。

第四步：欲望阶段——了解产品卖点后，产生购买欲。

第五步：对比阶段——在决定购买前，我们还会将其与其他同类冰箱对比。

第六步：信任阶段——在得知该冰箱品牌已经有15年的历史，会对该冰箱产生信任感。

第七步：行动阶段——做出决定，下单购买。

我们可以将消费者的购物心理路径应用于详情页设计中，引导消费者，从而顺利实现产品营销目的。

具体而言，在设计详情页的过程中，也要遵循以下路径：

1. 引起消费者注意

在详情页的开头，要设计一张视觉冲击力极强的焦点图，让消费者眼前一亮。

2. 诱发消费者兴趣

详情页可以包含促销活动、产品宣传图、品牌宣传等内容快速吸引消费者的目光，使其有继续看下去的耐心。

3. 激发消费者需求

可以先提出痛点，唤醒消费者对同类产品的新需求，并且把科普性内容与痛点巧妙结合，很好地突出自有产品，提高消费者对本产品的认知度。同时，还要明确产品的适用人群、适用场景等，从而激发消费者需求。

经常熬夜加班的人，会面临免疫力下降、严重脱发等问题，这使得很多年轻工作者叫苦不迭。针对这一痛点，可以在详情页中放一张办公室场景中年轻人手抓头发痛苦的表情图片。消费者看到这样极具代入感的场景，他们的理性思维也就不自觉地变得感性了。

4. 刺激消费者的购买欲

接着顺其自然地推出产品的核心卖点，以及产品能够给消费者带来的好处等，刺激消费者的购买欲。

5. 做产品对比

通过展示产品的优势与同类竞品的对比图，让消费者对产品留下更好的印象。

6. 建立消费者信任

商家为了建立信任，可以在详情页展示产品参数、原料、工艺、局部细节特写、品牌历史、品牌故事、材质小知识、销售数据等。这些信息比那些虚无缥缈的吹嘘更容易获得消费者的信任。

7. 促成消费者购买

在最后，可以给予承诺等鼓励消费者下单付款。当然，"承诺"的位置可以提前。

总之，详情页设计是对基础理论、视觉激发、设计思维、产品思维、营销思维、用户思维的一种考量。遵循消费者购物心理路径去设计详情页，对于提升产品销售转化率来说，可以达到事半功倍的效果。

详情页设计"四有"原则

详情页是对商品进行全方位介绍的地方,在详情页中,需要将商品多方面优势完整体现出来,以此放大商品价值,吸引消费者购买。

优质详情页能很好地促进商品转化。在设计详情页时,要注意掌握以下"四有"原则,使详情页发挥更大的作用。

1. 有分享

在日常生活中,人们遇到自己认为有价值的东西会主动分享给身边的人。这是一种追求精神满足的行为,不但能实现信息的有效传递,还能通过分享来展现自我。在设计详情页时,完全可以利用人们的这一心理,在详情页设计一个能让消费者主动分享的点,让消费者看到、了解到,激起他们强烈的分享欲望。通过消费者口口相传的方式,实现营销效果的最大化。

我们通常见到的、用到的挂烫机要么是落地式挂烫机,要么是手持式挂烫机,这两种形式的挂烫机共同的特点是"有绳"——要么是连接电源的"绳子",要么是较粗的整齐软管。在使用的时候,必须在有电源的地方使用,非常不便捷。手持无绳挂烫机则完全解决了人们的烦恼,轻盈灵活、体积小、手不重;还可以随时随地使用,不受场地限制,熨烫衣服更方便。这样惊艳的卖点,就是激发消费者主动分享的点。

2. 有情怀

有时消费者购买商品不仅是为了满足刚需,更是为了展现自己的个性、喜好、品位,以及获得更加舒适自然的服务体验。这时候,人们会更加趋向于选购一款能够让自己产生情感共鸣的产品,而情怀就是一种让消费者获得情感共鸣的绝佳方式。在设计详情页时,要根据产品特点,将情怀融入页面设计中,促进消费者下单购买。

什么是"情怀"?情怀就是含有某种感情的心境,是以人的情感为基础相对应的人们的情绪。情怀看不见,摸不着,却能给人以温度,触及人的内心,让人从内心感受到它的存在。

那么如何让产品有温度呢?答案就是讲故事,故事是温度和情怀的天然载体。

以农夫山泉为例。农夫山泉就非常善于为自己的产品讲故事、抒情怀。农夫山泉的一句广告词"我们不生产水,我们只是大自然的搬运工"深入人心,一部以农夫山泉水源勘探师方强为主角,在白雪皑皑的长白山寻找优质水源的广告视频,虽然没有优美的文案,没有绚丽的画面,却实实在在贩卖了一把情怀。让消费者感受到农夫山泉为了找到好水源而长期坚持的精神,对农夫山泉产生了极大的好感。

3. 有服务

销售不只发生在消费者下单前,更发生在消费者收到产品后。因为消费者购买的不仅有产品,还有服务。能够针对消费者购买心理,为消费者提供实实在在的售后服务,如无理由退换货服务、免费配送服务、免费安装服务、免费维修服务等,解决消费者的后顾之忧,消费者才会放心下单。

4. 有关联

关联营销的目的就是让消费者购买店铺中更多的产品，而不是购买了一件产品后，就直接跳离了页面。这样会使流量价值没有得到最大限度的挖掘。在详情页设计关联产品，可以帮助店铺节省大量的引流费用，更能帮助消费者节省寻找相关产品的时间。

如何设计关联产品？要注意哪些？

第一，与主搜产品有强关联。比如手机的强关联产品可以是充电线、耳机等。

第二，设置不同关联产品。不要放置相同的关联产品，多几样关联产品，能够提升消费者的购买概率。

总之，制作详情页，应当以促进消费者下单、提升转化率为根本目的，将详情页的价值发挥到极致。

融入销售思维激发用户购买欲

好的详情页，就好比一名好的销售员，虽然不能长篇大论地推销商品，但能为产品"说话"，还能促进消费者下单。制作详情页时，融入销售思维才能更好地激发消费者的购买欲。

如何才能制作出融入销售思维的详情页呢？

1. 商品标题有强描述性

标题是对商品的概述性介绍，能让消费者快速获取产品信息。在设计标题时，标题的每个字、词都有可能成为潜在的搜索关键词。详情页标题描述性越强，起到的营销效果越好。

如何创建描述性强的标题？

（1）清晰简短

不要多次重复使用标题中包含的描述性词汇，否则不仅对吸引消费者没有什么帮助，还会让消费者厌烦。

（2）简单明了

标题要简明扼要，不要使用不明确的描述，同时要避免冗长、啰唆的标题。

（3）独特描述

标题是以对产品定位的综合性的描述。在创建标题时，可以对商品的关键词进行组合，组合完成后，就能得到一个完美的商品标题。关键词包括以下几种：

品牌关键词：是一个企业、品牌在电商平台的标志，是明确带有企业品牌名称的关键词，是独一无二的。

价值关键词：即商品给买家带来的价值，企业或品牌通过提炼价值关键词，能够使商品的价值超越其功能本身。

属性关键词：即商品分类、名称、型号、功能、特性等关键词。

促销关键词：即经营手段或者促销行为的词语，如包邮、买赠、亏本、甩卖等。

营销关键词：即具有营销性质的词，可能跟产品无关，如热销爆款、厂家直销等。

冷门关键词：即在电商平台上搜索概率比较少的关键词。

热搜关键词：即消费者在电商平台上搜索最多的关键词。

核心关键词，即整个标题的中心，标题中所有的关键词都是在核心关键词的基础上进行延伸的。可以说，标题中所有的关键词都与核心关键词息息相关。

长尾关键词：特征是比较长，往往由 2~3 个词组成。其特点是搜索量非常少，且不稳定。长尾关键词带来的客户转化率往往比核心关键词高很多，因为长尾关键词的目标性更强。

以下就是把关键词组合形成独特描述标题的方式：

第一，价值关键词+促销关键词+属性关键词。

第二，核心关键词+长尾关键词+冷门关键词。

第三，核心关键词+长尾关键词+属性关键词。

第四，品牌关键词+类目关键词+核心关键词+属性关键词。

第五，热搜关键词+核心关键词+营销关键词+产品卖点。

第六，促销关键词+核心关键词+属性关键词+长尾关键词。

第七，热搜关键词+核心关键词+长尾关键词+产品卖点。

这里举一个以"热搜关键词+核心关键词+长尾关键词+产品卖点"方式形成标题的例子。如果你的店铺是卖长裙的，那么核心关键词就是"长裙"。在店铺所在的电商平台上搜索"长裙"，如果下拉框中的第一个词条为"长裙连衣裙长款修身"，我们可以以"长裙连衣裙长款修身"为热搜词。接下来将产品的卖点体现在标题中，卖点可以是款式特点（如流苏、木耳边、泡泡袖），也可以是品质特点等。再将"长裙连衣裙长款修身"这个核心关键词结合提炼出的卖点，扩展成长尾关键词，最后添加属性关键词修饰一下。组合而成的商品标题就是："高品质夏季时尚长款连衣裙女显瘦泡泡袖粉色长裙"。

2. 信息展示要图像化

虽然详情页可以放图片，也可以放文字，但与文字相比，图片所承载的信息量更大、更直观。在设计详情页时，要将商品信息图像化。或者说，要以图像为主，文字介绍为辅。切忌大段文字描述，文字过多会降低消费者持续阅读的耐心。

3. 表述用语有对话感

消费者通过查找关键词的方式找到了我们的产品，接下来就是我们借助详情页的语言表述来说服消费者购买。详情页的表述用语要不断强化消费者购买产品后会获得的好处。可以从以下五方面入手：

（1）真实感

产品描述要真实，并再现产品原貌，让消费者获得真实感。

（2）逻辑感

在版式编排上，要讲究逻辑性，层层推进，形成一个有机的整体，才会赢得消费者的芳心，激起他们的购买兴趣和欲望。

（3）亲切感

要针对目标消费者设计详情页图像、文案，给消费者以亲切感。

（4）对话感

网上店铺销售与线下实体店销售不同，没有销售员与消费者近距离接触介绍产品，只能用图片和文字来描述产品。详情页作为"虚拟销售员"，在通过图文做产品描述时，要有对话感。这种对话感可以弥补线上销售过程中双方互动的缺失，让消费者感觉这位"虚拟销售员"在与自己面对面对话。如图 5-1 所示。

（5）氛围感

详情页也应当像实体店一样营造一种产品销售的氛围感，让买家看到有很多人购买了产品，并且好评不断，从而在从众心理的作用下下单购买该产品。

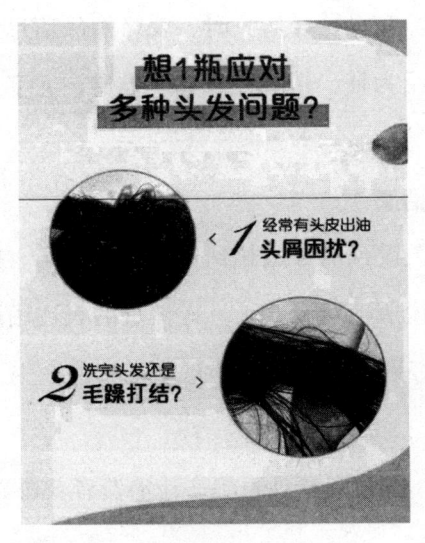

图 5-1　详情页设计的对话感

4. 说服购买以情动人

销售员推销产品，要注重推销策略的应用。详情页存在的意义就是引导消费者购买，因此在设计详情页的时候必须像销售员一样了解用户心理。不同的消费者，对于产品的需求、购买产品的关注点有所不同，在设计详情页时，除了要罗列产品的基本信息，还要从消费者的情感需求入手，攻破消费者的内心防线。

详情页设计无小事，每一个细节、每一个板块都应当认真对待。以上是详情页设计的一些常用方法和技巧，商家可以自行优化相关细节，使详情页能够获取更高的转化率。

第六章　文案设计：优质内容促进电商价值显著提升

随着电商的发展，电商文案的重要性越来越凸显。电商文案不仅传承了传统文案的写作特点，还具有其独特的写作要求。电商文案作为一种艺术创作，是一种很好地促进产品销售、提升品牌形象的工具。做好电商文案设计，可以凭借优质内容更好地促进电商价值的显著提升。

文案类型：不可不知的三大卖货文案

电商文案主要应用在网店营销中，是一种十分重要的推广工具和销售手段。电商文案有不同的类型，可以根据不同的类型及应用，起到不同的效果，将电商变现效益最大化。

电商文案包括以下三种类型：

1. 产品文案

做电商生意，就是为了实现产品变现，提升产品销量。所以，产品是核心。网店销售的产品与线下实体店销售的产品最大的区别就是网店销售的产品看不见、摸不着。这也是网店的一个不可否认的弊端。如何化解这种弊端，并将产品优势凸显出来呢？产品文案就是一个不可或缺的工具。

产品文案，就是通过出色的文案写作技巧向消费者介绍产品的特点，放大产品优势，帮助消费者了解产品并促成交易。

（1）使用场景

产品文案通常在详情页中使用，用于展示完整的商品信息，吸引消费者购买。

（2）特点

产品文案的特点是：

①精准描述产品信息，包括产品的材质、功效、工艺、尺寸、重量等。

②图文完美结合，用文字内容描述产品，让产品的核心卖点被一眼看到，激发消费者的购买兴趣。

③融合一定的情感于其中，引起消费者共鸣，快速打动消费者，激发其购买欲。

例如以下一篇有关大米的题为《每一粒米都有态度》的产品文案：

无法复刻的精准

粒长 6.5mm，粒宽 2.2mm，

子实饱满敦厚，

每一毫厘都源于自然的鬼斧神工。

有米生得珠玉色

在水系丰沛的温带大陆，

年感光达 2600h 以上的大米才是真正的五常大米。

只有这样的大米，才能将东北大陆的青天白云藏进胸怀，

让自己珠光半透、色泽青白。

2. 品牌文案

做生意，重要的是让广大消费者记住自己的品牌，在消费者心中形成良好的品牌形象。

品牌文案就是通过文案内容，以品牌故事、情感抒发等形式宣传品牌的相关信息，如品牌的起源、发展及核心理念，加深消费者对品牌的印象及情感，吸引消费者对品牌的关注和认同。简言之，文案的目的就是建立品牌与消费者之间的情感联结。

（1）使用场景

品牌文案通常位于品牌店铺首页，用于展示品牌故事和情怀，帮助消费者了解品牌故事和价值观。

（2）特点

品牌文案具有以下三个特点。

①引发情感共鸣，使品牌与消费者之间建立起情感联结。

②通过在文案中传递品牌历史、价值观等信息，有效增强消费者对品牌的信任度和认可度。

③可以通过精心设计的文案内容，突出品牌的独特性，与其他竞争对手形成鲜明对比。

可以说，好文案，每一句都隐藏着人生哲理；好文案，每一句都能引起共鸣。

3. 促销文案

促销文案也是电商文案的一种重要的文案类型。促销文案，就是以文案为手段，向消费者推销产品、开展品牌促销活动等，以吸引消费者购买产品。

（1）使用场景

促销文案通常放在店铺的促销页面或者店铺首页，以吸引消费者参与营销活动。

（2）特点

促销文案具有以下两个特点。

①在文案中突出商品的折扣与优惠力度等。

②在文案中设定促销起止时间及销售数量，以此营造一种紧迫感，促成销售。

以下是一些促销文案实例：

机会不是天天有，该出手时就出手。

4小时团购会，低价奉陪到底。

文案设计时，需要根据不同的使用场景选择不同的文案类型，并运用恰当的语言技巧和表达方式，用相应的内容与消费者进行有效沟通，提升品牌形象，增强推广效果和提高销售转化率。

思维先行：有好思路才能写出别具一格的好文案

一则好的文案内容，就是一则好的广告。很多人在写文案的时候，没有明确的思路就直接写，最后写出来的文案就没有令人眼前一亮的感觉，没有形成记忆点，没有说服力。

"思维决定成败"。在写电商文案前,首先要做到思维先行,再落到行动上。只有理顺了思维,才能出类拔萃,才能写出别具一格的好文案。

能留在用户心里的文案,促成用户产生购买行为的文案,必须具备用户思维。掌握以下文案写作思维,你也可以写出优质好文案。

1. 用户思维

无论生产什么样的产品,最终都是为消费者服务的。无论什么类型的文案,都是写给用户看的。对于一篇文案来说,将用户思维作为创作的基本出发点,思考用户真正需要的是什么,创作出来的文案内容才更容易被用户理解和接受,更容易调动用户的情绪,激发他们的购买欲望。

在创作文案的时候,如何让自己具备用户思维呢?

(1)抓住用户需求

用户购买一款产品,是因为他对这款产品有需求。比如,有洗头发需求,所以要买洗发水。换句话说,用户需求就是用户需要什么东西,想要达到什么样的目的。

抓住用户需求是文案激发购买行为的核心。抓住用户需求,用户才会心动,进而产生过行动,才会购买产品。一个无欲无求、没有某方面需求的人,是不会购买产品的。

明白了这一点后,我们在进行文案创作时,就要从用户角度出发,思考他们真正需要的是什么。然后围绕他们的需求写文案内容,让用户知道,我们的产品正是他们所需要的。

当然,有的时候,用户对自己的需求十分明确,但有时候也存在用户自己都没发现的潜在需求。我们需要通过文案挑动他们潜藏在心底的深层次的需求。

心理学家马斯洛的需求层次理论包括五个方面的需求:生理需求、安全需求、情感需求、尊重需求、自我实现需求。这些需求呈阶梯式逐渐提升。生理需求和安全需求是对产品的刚性需求，是基础需求；社会需求、尊重需求、自我实现需求，是从物质需求到情感需求的升华。用户情感需求，也就是用户深层次的需求。

因此，在写文案的时候，不能只对产品功能做简单描述，我们要站得比用户还高，更多地挖掘用户的深层次需求。在清晰表达产品特色的同时，利用用户的深层次需求，帮助用户表达一种隐藏在他们内心深处的情感。用户在看了文案内容后，这种情感会瞬间戳中他们的内心，由此认同感油然而生。

例如，一家家具品牌推出了这样一则文案：

"明亮舒适的飘窗，

摆上一个小茶几，两块铺垫，

一个小茶室就此诞生。

在这里闲聊或是对弈，

繁重的生活有了难得的轻松。"

通常，商家只是从用户的基本需求出发，用文案来突出产品特色。这则文案却是利用用户深层次的需求，营造出一种格调，告诉用户，卖的不是家具，卖的是情怀和远方。对于普通大众而言，在一天的忙碌工作后，回到家能够有一隅供自己放松，实在是人生一大乐事。在看到这则文案后，内心必然产生极大的认同感。

（2）解决用户问题

很多时候，我们觉得只要自己的产品过硬，用户就会埋单。但实际上，我们觉得产品好，并不等于用户也觉得产品好。能够真正让消费者心甘情愿掏腰包的，是那些他们自己觉得好的产品。

那么什么样的产品才能算是用户眼中的好产品呢？首先就是能帮助他们真正解决问题的产品。这一点也正是我们写文案时要具备的思维方向——用户问题思维。就是我们要站在用户的立场上，思考用户对于这方面的产品，在使用的时候存在并且急切要解决的问题究竟是什么。

带着这样的思维去创作，并明确告知用户，我们的产品就是为解决用户的问题而生的，我们的文案内容才能深入用户内心，我们的产品才能激发用户的购买欲望。

手机是我们生活中不可或缺的一部分，电量低的时候会让很多人感到焦虑，担心会错过重要的电话联络。手机电量低、充电慢是很多用户所面临的问题，这一点我们每个人都深有体会。

如果我们在为一款手机产品写文案的时候，全程都在介绍电池技术、节能技术的提升，手机电池容量增加，延长了的待机时间，可能没有什么吸引力。而OPPO手机直接用一句话来表述："充电五分钟，通话两小时"。这样一句话，可以让用户看后更加直观地了解产品在电池续航能力、充电时间方面的优势，也明白这款手机可以缓解自己对手机耗电快、充电慢的焦虑。

（3）带来用户利益

趋利避害是人的一种本能反应。对于那些对自己有利的、有所帮助的东西，人们总是喜欢靠近，并希望得到；对于那些可能对自己造成伤害，可能对自己的利益造成损失的人或事，人们总会避而远之。

用户眼中的好产品，除了能够解决问题，还能为用户提供他们想要的好处和利益。

如果我们的文案内容融入了"用户利益思维",用户在阅读文案内容后,能够明白自己购买这款产品能够获得什么样的实实在在的好处,自然会纷纷下单。

大众汽车旗下的甲壳虫汽车虽然已经停产,但它的一则经典文案非常值得我们学习和借鉴。

往小里想

我们的小车并不标新立异。

许多从学院出来的家伙并不屑于使用它;加油站的小伙子也不会问它的油箱在哪里;没有人注意它,甚至没人看它一眼。

其实,驾驶过它的人并不这样认为。因为它油耗低,不需要防冻剂,能够用一套轮胎跑完40000英里的路。这就是为什么你一旦用上我们的产品就对它爱不释手。

当你挤进一个狭小的停车场时,当你更换你那笔少量的保险金时,当你支付那一小笔修理账单时,或者当你用你的旧大众换得一辆新大众时,请想想小的好处。

在很多人追求"大"的时候,甲壳虫汽车的这则文案则向广大用户诠释了"小"的好处。这则文案将甲壳虫"小"的好处清晰地展示出来,让人觉得小车也有不少好处,也会因此而爱上"身材娇小"的甲壳虫,这能在一定程度上提升消费者的购买率。

2. 营销思维

文案本质上是很好的销售话术。写文案的目的就是让用户对原本不了解的产品产生兴趣，更重要的是说服用户购买产品。这就是文案创作的营销思维。

用文案说服用户购买，就需要给他们一个足够强大的理由，让他们感觉自己"不得不买"，或者"不买就是损失"。如何实现呢？

（1）直击痛点

伤口被戳一下，我们才会感觉到扎心的痛。用文案说服用户购买，同样可以用直击用户痛点的方法来实现。

例如，一家健身器材网店展示的一则文案内容：
胖可能给你带来的那些尴尬事：
胖——衣服难买！
胖——显老！
胖——好吃懒动，食量大！
胖——容易三高！
胖——睡觉多呼噜，影响他人！
胖——难找合适的男女朋友！
胖——不利健康！
胖——不自信，抓不住机遇！
现在不减肥，年底肉成堆，各种聚会就后悔！

我们离美人鱼的距离，只差一个人鱼线。

这则文案通过罗列一系列"胖"的痛点，让那些有相同感受的人激起运动减肥的欲望，购买运动健身器材则是迈出的第一步。

（2）带入情境

如果单一地介绍产品优势，用户看后内心毫无波澜，感觉这款产品与自己没有什么关系。但文案如果设置一定的情境，并为用户设置一定的角色，在情境中推出产品，则会使文案很有代入感，用户在阅读的时候能够认同自己的角色，对产品也有了情感和偏好。

3. 创新思维

在文案撰写过程中，创新思维十分重要。文案写作要遵循语言和文字表达规范，这也是一个文案人必备的素养。在这个前提下，有创新才能构思出别具一格的文案内容。这样的文案更具吸引力，甚至能产生强烈的震撼力，能很好地提高传播效果，引起用户的购买欲望。

文案创新应当包含两个基本方面：

（1）信息表述创新

通常，一则介绍产品的文案，会用各种专业术语、专业数据，认为这样更有说服力，但实际效果却差强人意。因为普通大众很多时候看不懂专业术语、专业数据。此时，我们不妨转换一下思维，用语言勾勒一个更加生动的画面来描述产品特性与优势。

比如一款拍照手机的文案：

文案一：大光圈，优质感光元件，夜拍能力超强。

文案二：一款可以拍星星的手机。

显然，文案二更加通俗、生动，产品优势更容易被用户理解。

（2）表现手法创新

表现手法的创新，其实就是文案呈现形式上的创新。形式上的创新，比如用拟人、比喻、象征等手法，或者采用逆向思维、版面创意等对文案进行创新，让人眼前一亮。

例如，大多数文案的形式都是图文相结合，给人千篇一律的视觉感受。我们可以借助动态视频配以"文字＋旁白"的形式来展现产品优势。

再如，长城葡萄酒的拟人化文案：

三毫米，
瓶壁外面到里面的距离，
一颗葡萄到一瓶好酒之间的距离。
不是每颗葡萄，
都有资格踏上这三毫米的旅程。
它必是葡园中的贵族；
占据区区几平方公里的沙砾土地，
坡地的方位像为它精心计量过，
刚好能迎上远道而来的季风。
它小时候，没遇到一场霜冻和冷雨；
旺盛的青春期，碰上十几年最好的太阳；
临近成熟，没有雨水冲淡它酝酿已久的糖分；
甚至山雀也从未打它的主意。
摘了三十五年葡萄的老工人，
耐心地等到糖分和酸度完全平衡的一刻才把它摘下；
酒庄里最德高望重的酿酒师，
每个环节都要亲手控制，小心翼翼。
而现在，一切光环都被隔绝在外。

黑暗、潮湿的地窖里，

葡萄要完成最后三毫米的推进。

天堂并非遥不可及，再走十年而已。

这篇文案，将葡萄酒酿造的整个过程拟人化，"三毫米的旅程，一颗好葡萄要走十年"，展现了一颗葡萄从生长到成为葡萄酒的过程。

内容策划：优质内容更易激发购买热情

写文案不难，要写出好的文案，则需要付出一定的时间和精力。优秀的文案不需要长篇大论，只需要几个字就能让用户一眼看懂、记住、分享，并做出购买决策。但优秀的文案不是随随便便写出来的，而是精心策划出来的。

提前做好策划比盲目努力更重要。文案策划，就是要根据市场需求和营销策略，明确文案要实现的具体目标，对文案创作有很好的指导性。既能规避文案创作偏离"主航线"的风险，又能让写出来的文案最大限度地发挥其应有的作用，实现其应有的价值。

做文案策划，通俗地讲，就是要策划好"说什么、对谁说、如何说、怎么说"。具体来说，就是要做好以下四个方面：

1. 明确目的和效果

"说什么"，就是要明确文案创作的目标。

文案有不同类型，不同文案在电商当中发挥着不同的作用。在写文案前，一定要明确，我们写文案的具体目标和想要达到的效果是什么。是为了很好地介绍产品，让广大消费者全方位地了解产品；是为了通过文案塑造良好的品牌形象，提升品牌知名度，突出品牌独特的价值和优势；还是为了达到促销的目的，提高产品或服务的销量。

2. 明确受众目标

"对谁说"就是要明确目标受众。

精心创作的文案，最终是要展现给目标用户的。内容即使再好看，对象不明确，或者搞错对象，也像对牛弹琴一样，丧失了文案的穿透力，也很难讲到用户的心坎里，难以激起共鸣。

在进行文案创作前，要深入了解产品所面向的受众人群特征，包括：

基本特征：如性别、年龄、地域、教育水平、职业、兴趣爱好、生活习惯等。

社会特征：如家庭、社交、职业等。

行为特征：如浏览、搜索、收藏、加购物车、下单、购买、评价等行为。

消费特征：如收入状况、购买力水平、购买渠道喜好、购买频次等。

黏着属性：如回头客、常客、新客户。

这些特征是文案创作的基础，直接影响文案的质量和效果。此外，还要针对性地选择合适的语言风格、情感表达形式来撰写文案，这样创作出来的文案，才更有可读性和说服力，能更好地达到创作目的。

可以借助以下方法来了解受众人群：

（1）市场调研

市场调研是了解目标受众特征常用的渠道和方法。调研目标受众可以采用线上问卷的调查方式。

（2）大数据洞察

大数据洞察，就是根据线上消费者行为的数据洞察其特征。这些数据主要包括以下方面：

①店铺行为数据，包括消费者对店铺页面的浏览频率、访问时间长短等。

②用户偏好数据，包括常用App或网站、访问时间或频次、浏览或收藏内容、评论内容、互动内容、用户的生活习惯、用户的品牌偏好、用户地理位置等。

③用户交易数据，包括贡献率、回头率、流失率、促销活动转化率、唤醒率等。

大数据洞察可以帮助我们深入了解我们的目标用户人群是哪些，并了解他们的详细特征。对目标受众了解得越详细，创作的文案才越精准，达到的效果才越好。

3. 明确创作风格

创作风格就是"如何说"。

创作风格是文案创作目标的一个重要组成部分。文案可以有不同的呈现风格，如幽默诙谐型、严谨专业型、优美文艺型、感性浪漫型等，不同的风格给人带来不一样的阅读感受。文案创作者要根据目标受众的文化背景和语言习惯选择更加适合的风格。

例如，徕卡相机的一段题为《显影无形的风》的文艺型文案：

一阵风，吹乱了四季

我看见树叶飘落，芦苇起伏

指尖的风声，掠过田野和路人

提醒我，按下快门

风踮起脚尖，从身旁悄悄经过

只有飞鸟站在风的肩膀上

隐隐约约看穿风的形状

4.明确核心信息

如何传达核心信息就是"怎么说"。

不同类型的文案突出的核心信息是不同的。在创作文案前，要明确想要传达给受众的核心信息是什么。如凸显产品卖点，彰显品牌价值观，强调促销优惠力度等。

比如，我们想要靠文案凸显产品的核心信息，就需要多花时间整理产品信息，并与竞品进行全面对比，从中挖掘出一批有吸引力的产品卖点，然后对这些卖点进行梳理，确定哪些是核心卖点，哪些是辅助卖点。

文案写得好不好，策划是关键。通过巧妙的构思、严谨细致的排版设计以及出色的创意来创作，才能打造出吸引眼球的优质文案，才能实现理想的文案效果。

创作要点：牢抓文案创作精髓

真正优秀的文案，不但能传递商品的价值信息，而且能让目标受众对商品有很好的认知，并能引发目标受众共鸣，进而激发其购买热情。

但很多电商写出来的文案或是抓不住重点，或是难以让用户心动，最终的结果就是耗费时间和精力，写出来的文案对提高产品销量作用不大，甚至不知不觉流失了很多用户。

想要写出具有"杀伤力"的电商文案，需要掌握以下要点：

1. 形式：简洁易读

先从文案的形式来讲，电商文案创作的一个重要要求就是简洁易读。文案的作用就是促进消费者购买。如果你的文案写得过于华丽，反而会让人看不懂。因此，电商文案并不需要堆砌辞藻，只要简洁、易读、易懂即可。

2. 内容：激发购买

产品文案存在的意义就是激发消费者购买。在设计产品文案的时候，内容上应当以激发购买为目的。

（1）结合产品特点，打造产品卖点

文案必须结合产品特点，打造产品卖点，让产品从众多同类产品中脱颖而出，并说服消费者购买。

如何结合产品特点打造产品卖点文案呢？

第一，体现产品基础属性。每个产品都有其基础属性，如产品的型号、颜色、尺寸、重量、材质、价格等。以产品的基础属性构建产品卖点，可以让目标受众更好地了解我们的产品与竞品的比较优势与劣势，以此获得更好的竞争优势和客户满意度。

产品的基础属性包括必备属性和价值属性：必备属性就是产品必须具备的属性。如一支牙刷，其必备属性就是刷牙，帮助用户清洁口腔；价值属性就是产品能满足消费者某种需求的属性。比如一块奇石，不但具有观赏价值，还具有收藏价值。

做好对产品基础属性的分析，能够帮助你更好地了解产品，并提炼产品卖点。

第二，体现产品功能属性。产品功能属性是满足人们购买需求的最基础属性。在根据产品特点设计文案的时候，一定要针对产品功能属性进行提炼，将产品功能特点进行细化，并融入文案当中，才能让你的产品卖点更具吸引力。

第三，体现产品魅力属性。魅力属性是指能够非常吸引用户的特别属性。通常，魅力属性包括产品创意设计和优质体验两方面的属性。具有魅力属性的产品，往往能够在产品同质化的时候，保持特有的性格、特色，能更加吸引读者，促使其产生购买行为。

在挖掘产品的魅力属性作为产品卖点时，需要文案创作人抓住那些能够让用户"两眼放光"的东西，或者让用户惊叹不已的东西。之后，将这两种东西作为产品最突出的特征，在文案中展现出来，用户必然被产品的这种魅力所吸引，继而产生购买行为。

当然，产品是有一定的生命周期的，而且魅力属性也在不断迭代。手机就是一个十分典型的例子。随着手机的不断迭代，彩屏是早期的魅力属性。再后来，随着大屏、折叠屏的出现，彩屏这一魅力属性也就被覆盖和取代。因此，文案设计人员打造产品卖点文案时，要用不断变化的眼光挖掘产品的魅力属性。

（2）牢抓痛点，引发共鸣

产品卖点是激发消费者购买的一个方面，牢抓痛点、解决痛点，是激发消费者购买的另一个重要方面。

好文案必定能够深入人心、打动人心。一篇能够在情感上打动人心的好文案要有一种痛点思维。

在写文案的时候，要注意站在消费者的立场上，挖掘痛点，让消费者产生共鸣。然后顺势向读者最大限度地展示产品的好处。这种方式能够让用户

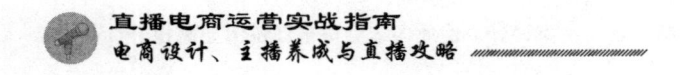

深刻了解产品，让他们更快产生购买行为。

例如："30秒来杯豆浆，孝敬父母，就这么简单。"

年轻人平时忙于工作，很少有时间照顾父母，甚至还要反过来被父母照顾。对于子女来说，没有时间每天给父母做一顿美味的饭菜（这是绝大多数人的痛点），但在忙碌之余，只要每天能拿出30秒的时间，就能给父母榨一杯豆浆，这也在表示自己对父母的一份孝心（引发情感共鸣）。这样的文案，从卖产品到卖价值，更容易让目标用户心动，从而产生购买欲望。

3. 语言：富有魅力

语言是文案信息传递的载体。一篇好的电商文案，需要使用清晰、简洁、易懂的语言，更需要富有魅力的语言彰显高级感。在产品特点中完美融入思想与情感，让受众在愉悦感中领略产品的品位，为受众增加一个购买产品的理由。

如何用有魅力的语言来创作文案？答案就是选择适合的语体。

什么是"语体"？语体是一种语言运用方式，它通过选择适合的词汇、句法、修辞等，使语言内容表达出不同的情感、态度、思想和风格，使整体内容颇具特色和魅力。

在文案创作中，常用的语体如下：

（1）新闻语体

新闻语体，顾名思义，就是以新闻播报的语言方式来写文案。

正所谓"最好的广告是新闻"。用新闻语体创作的文案，更容易形成可信度和影响力。

这里以一款咖啡产品为例，我们用新闻语体来打造一则文案，内容如下：

近日，知名咖啡品牌××推出了一款全新产品——酱香蓝山咖啡，该产品为咖啡爱好者们带来了全新的味蕾体验。该咖啡选用牙买加优质蓝山咖啡豆，融入知名白酒品牌××酱香味，精心调制而成，香气扑鼻，口感醇厚，是您享受休闲时光、放松身心的绝佳选择。

（2）故事语体

故事语体，就是用讲故事的语言方式来打造文案。精彩的故事能让文案更立体，使整个文案拥有灵魂。读一篇故事语体文案，能更好地让用户通过有感染力的故事情节产生认同，且能达到润物细无声的效果。故事越能深入人心，越能让受众为之动心。心动才会有行动，才会产生购买行为。

这里还是以一款咖啡产品为例，我们用故事语体来打造一则文案，内容如下：

从咖啡豆到一杯香浓的酱香咖啡，需要经历多个环节的磨砺。我们的咖啡豆来自牙买加，从成熟的那一刻起，就注定拥有不平凡的一生。在经过多次筛选、烘焙后，小小的咖啡豆得到了锻炼和成长。在经过多次研磨之后，优质的咖啡豆变成了咖啡粉，得到了升华和蜕变。之后，再辅以清泉和××品牌酱香白酒的洗礼，咖啡豆迎来了自己的高光时刻，她口感醇厚、香气扑鼻，是人们享受悠闲时光的最佳伴侣。

（3）问答语体

问答语体，就是用一问一答的语言形式进行文案创作。

问答语体绝非简单的一问一答，而是通过提问勾起人们的兴趣，引发人们的好奇心。通过回答，解开谜题，进而让受众更好地认识产品，了解产品，最终爱上产品。

这里还是以一款咖啡产品为例，我们用问答语体来打造一则文案，内容如下：

有没有一款能带来味蕾狂欢、令人无法忘怀的咖啡？酱香蓝山咖啡就是你想要的答案。该咖啡的独到之处在于，选用牙买加优质蓝山咖啡豆，并融入知名白酒品牌××的酱香味，独创出新型特殊的口味，咖啡的苦味与××酒的酱香味在唇齿间碰撞，搅动着味蕾，让人久久不能忘怀。

4. 句子：精简流畅

一篇好的文案，首先要能吸引受众的目光，其次要保证受众有耐心和兴趣继续阅读下去。能够做到这一点，除了内容精彩，还要句子精简流畅。简约是舍弃，更是收获。

文案句子要做到精简流畅，需要做好以下三点：

（1）概括

能一句话表达清楚，就不要拖拖沓沓。冗长是累赘，会让人在阅读的过程中逐渐失去耐心。最好能对文案内容做一个简要的概括，突出重点内容，让受众在最短的时间内抓住文案想要传达的信息。

（2）压缩

压缩也是一个很好的精简句子的方法。创作者可以通过使用简洁的语法结构，用关键词缩短长句，将相关的内容进行合并，直接删除不必要的词语，或者适当使用大众所熟知的缩写来代替完整的句子，实现压缩句子的目的。

（3）优化

精简流畅的文案句子往往是通过多次优化得到的。写好的文案，一定要经过多次后期优化，要注意逻辑性、因果关系、递进关系、转折关系。逻辑关系把控得好，句子才能逻辑性强，避免给人前后不衔接、不连贯的感觉。这样的句子有利于读者理解整句句意，准确把握整篇文案的思想内容。

写作技巧：文案写作难题各个击破

一篇完整的电商文案是由多个部分组合而成的，包括标题、开篇、正文。不同的部分在文案中所起到的作用有所不同。标题如"门面"，给受众留下第一印象；开篇如"高山"，吸引受众目光；正文如"桥梁"，直通受众内心。每一个部分的重要性不言而喻。

电商文案的不同组成部分都需要花更多的精力去精心打造。以下着重分享各部分文案的写作技巧。

1. 标题写作技巧

标题是文案的"门面"，1秒内抓住用户眼球，让用户了解文案核心信息，是文案标题的第一使命。对于电商文案来说，取个好标题就成功了一半。否则文案内容写得再精彩，却因为标题没有吸引力而被忽视。这样相当于做了无用功。当前这个信息时代，电商文案标题就是一个先声夺人的秘密武器。看似不起眼，实则很重要。

吸睛的标题是如何打造的呢？技巧如下：

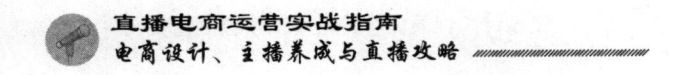

（1）赋予新奇

新奇的东西最能吸引人。文案的标题一定要远离平庸，具有新奇感，这样能有效提高文案内容的访问量。

通常，那些人们没有听过、没有见过的事物，或者一些冷知识，会让人好奇。

例如，一款巧克力的电商文案标题：《巧克力里这种物质在你恋爱时大脑也会产生》。

这个标题会让人瞬间产生强烈的好奇心，让人想要一探究竟，想要明白究竟是什么化学物质能让人有坠入爱河的感觉。

（2）巧用数字

通常，文案的标题都是以文字形式呈现的。在文案标题中巧用数字，可以使事物具象化。相比于文字，人们对阿拉伯数字更加敏感，巧用数字的标题可以对受众产生强烈的吸引力。

例如，一款护发产品的电商文案标题：

标题一：《物美价廉的护发体验，你值得拥有》（抽象化标题）。

标题二：《只花不到25元，享受一次超棒的护发体验》（具象化标题）。

显然，文案二的标题使用了数字，受众看了后会更加直观地明白这款护发产品多么物美价廉，文案一则达不到这样的效果。

（3）制造悬念

标题有悬念，结合了悬疑和推理元素，能引起用户强烈的好奇心和求知欲，甚至会不自觉地针对这个悬疑做出自己的推理，促使他们愿意阅读全文以找到答案，并印证自己的推理是否正确。

例如，一款护肤品的电商文案标题：《50岁的年龄，30岁的容颜，她对自己做了什么》。

这个标题给人设置了悬念，对于女性来说，能够永葆容颜是一件渴求但难以实现的事情，但这个标题很好地勾起受众的好奇心。

（4）打破常规

打破常规就是用大家认为的不合理、不常规的操作颠覆正常的思维。这样的文案标题更容易激发人们阅读正文的欲望。

例如，某假发品牌的电商文案标题：《1秒从型男变秃头大叔》。

按照正常的思维，一般是带上假发后，秃头大叔秒变型男。但这则标题却打破常规，从有到无。这样的标题能引起受众的注意。

（5）反转常识

用常规知识打造的标题，有时会让人阅读疲劳。在撰写文案标题时，可以使用反转常识的思维来吸引受众的关注。甚至让用户产生强烈分享欲望，希望让身边更多的人知道。

例如，某化妆品的电商文案标题：《自从把售价千元的化妆水扔掉，我变得越来越年轻了》。

在人们看来，越是贵的，越是好的。但这个电商文案标题却一反常识，受众看了这个标题后，会急切想知道没有了"售价千元的化妆水"，是如何"变得越来越年轻"的。

（6）抛出问题

有一种常见的现象，就是在人们不知道还有更好的存在的时候，就认为自己当下所拥有的就是最好的。在这种情况下，我们抛出问题，引起受众注意，让其想要阅读全文，知道当前是否有改进之处。

例如，某洁面产品的电商文案标题：《每天都在洗脸，你洗对了吗？》。

（7）引发恐惧

对于那些让人恐慌的东西，人们往往会避而远之，甚至急于寻求一种良好的解决之道。通过文案标题引发恐慌，非常有助于吸引受众阅读，甚至加速受众做出购买决策。

例如，一款除螨仪的电商文案标题如下：《尘螨无处不在，有了它，螨虫迅速消失》。

（8）引入热点

对于热点新闻、事件，人们总会有一种"看官"的心态。因此，热点新闻、事件本身具有很强的热度。在拟定标题的时候，引入与品牌能产生关联的热点内容，受众在关注热点的同时，也能很好地注意到品牌和产品，加深对品牌和产品的记忆。

例如，一款甜品的电商文案标题：《还没想好七夕约会吃啥？标准答案在此》。

七夕节是象征"爱"的日子。人们在这一天也会围绕"七夕"展开话题讨论,使七夕节的热度很高。这一文案标题,借助七夕节的热点话题做文章,引出自有产品,在起到很好的吸睛效果的同时,也让受众认识了产品。

(9)对比反差

对比和反差能够打破人们的传统认知。将其融入标题中,受众的内心会被这种对比和反差而震撼,进而产生强烈的阅读欲望。

例如,一个凤梨酥品牌的电商文案标题:《吃过这枚凤梨酥,其他的都是将就》。

看到这个标题,受众会想要知道,究竟什么样的凤梨酥能够这么好吃。

一个标题对人的吸引,多半是出于某种好奇。在标题中埋下令读者好奇的种子,会让读者产生强烈的阅读兴趣,这样的标题是使文案实现变现的第一步。

2. 开篇写作技巧

所谓"开门见山",文案标题如门面,文案开篇如高山。开篇如果能做高山落石,掷地有声,甚至精彩绝伦,必定能引人注目。受众在阅读标题后,如果文案开篇索然无味,就会直接跳过文案正文,不利于引导受众读完全文。所以,开篇写得不好直接影响受众的阅读兴趣。

写出好的开篇需要掌握以下写作技巧:

（1）呼应标题

文案的开篇应当与标题相呼应，使整个文案内容完整、连贯。否则，会给受众一种"文不对题"的印象，影响受众的阅读体验。

（2）突出主题

准确地概括文案的主题，并以鲜明有力、简洁明了的形式放在文案开篇最显眼的位置，可以让受众在看到文案的第一时间，就能快速了解文案想要传达的主题内容。

（3）巧用引言

引言往往放在文案的开篇处，主要是为了读者看到的第一眼之后，就能快速产生兴趣，并激发他们的好奇心。可以借助引言，如名人名言、诗词歌赋等引起受众注目，使其产生阅读兴趣，进而想要了解更多的文案信息。

例如，某盲盒品牌的电商文案开篇：人生就像一盒口味各异的巧克力，你永远不知道下一块吃到的是什么。盲盒也一样。

这个文案开篇第一句引用知名电影《阿甘正传》里的一句经典台词。早些时候，盒装巧克力是混装的，巧克力的形状不同，口味也不同，只有吃过了才知道具体是什么口味。盲盒本身就有随机性、不确定性，只有打开了才知道里边装的是什么。引用的这句经典台词与盲盒的特点十分贴切，能很好地吸引受众的注意力。

（4）设置"钩子"

要想让你的文案牢牢抓住读者的眼球和内心，勾起他们内心的情感，就要在文案的开篇设置一个"钩子"。这个"钩子"能够快速抓住消费者的注意力，并使他们有持续阅读的欲望，然后促使他们果断采取购买行动。那些真正的"杀手锏"式的文案,非常善于在文案开篇设置"钩子"。

怎么在文案开篇设置"钩子"呢?痛点提问是使用最多的一种方法。在文案开篇用提问的方式直戳用户痛点,只有用户真正地感觉到"痛"了,才会寻找解决办法。

痛点提问的思路有两种,包括直接提问与互动提问。

直接提问就是直截了当地将痛点融入句子中,对用户进行提问。这种提问方式优点是,就像与用户面对面聊天一样,给人以亲近感,同时能准确、快速地问到点子上。

例如,一款暖风机的电商文案开篇:问你一个问题,当你冬天被冻得双脚冰凉,忍不住发抖时,你用什么温暖自己?

这句开篇简短有力,很快就能勾起受众"冬天被冻得双脚冰凉""忍不住发抖"的痛。同时,这样提问很有亲和力,能吸引用户注意力,但又不显得那么生硬,还能让受众放下警惕心里,继续阅读文案正文。

互动提问,就是在电商文案开篇进行提问,让用户参与问题中。这样的开篇,能有效勾起受众往下阅读的欲望。

例如,以下为某补钙产品的电商文案开篇:
你是否有以下困扰,有同感就打"√":
☐ 睡觉容易惊醒,睡眠质量差。
☐ 总是感到心情烦躁。
☐ 有肌肉痉挛、手足抽搐的状况。
☐ 出现四肢无力、手脚麻木、腰酸背痛的状况。

□ 气色不好，有头发稀疏、脱发的情况。

如果勾选 0~1 个，请跳过这篇内容；如果勾选超过 4 个，那就说明你体内缺钙了。

这样的提问方式，从受众痛点入手，使受众能够参与其中，增强受众的互动性。同时用痛点直击受众内心，勾起其阅读兴趣。并通过分析，给出受众答案，便于在后面的内容中给出受众有效的解决方案，进而引出自己销售的产品。显然，这是经过精心策划和设计的文案开篇。

（5）独特观点

在文案开篇就给出一个独特的观点或解决方案，这些观点或方案可能是新奇的、有争议的，或者令人惊讶的，但都能让受众感觉到内容的与众不同，勾起受众进一步深入了解你的观点或解决方案的欲望。之后在文案正文中适时引出品牌或产品，使得整个文案内容安排有序，一气呵成。

3. 正文写作技巧

如果说标题和开篇是为了引发受众的阅读欲望，那么正文则是为了对商品进行详细描述，引发受众的购买欲。

电商文案正文写作的以下技巧需要掌握：

（1）描述简单直接

电商文案的写作目的是向受众传达商品的卖点和优势，直击受众内心，提升受众的购买欲。

通常，消费者浏览商品详情页面的耐心不超过 2 秒，要想让受众不在这 2 秒内跳出电商页面，避免目标用户流失，就要用最容易被用户理解的方式打造文案正文内容。简单直接的商品描述最有力量，能做到商品信息传递"快""准""狠"。所以，电商文案正文的写作要简单、直接。

例如，农夫山泉的一则文案如下："我们不生产水，我们只是大自然的搬运工。"

这样简单、直接的描述，使商品特点快速呈现，让受众在第一时间就能知晓产品的优势。

（2）逻辑关系清晰

电商文案对于产品而言，就像是餐厅里的招牌菜，有着举足轻重的作用。要想让自己的产品在众多竞争者中脱颖而出，文字功底是一方面，逻辑关系也是重要的一方面。清晰的逻辑关系可以使整篇文案内容层层递进、环环相扣，更有助于一步步调动受众情绪，激发购买意愿。

（3）引用权威数据

对于从未接触过的品牌产品，消费者愿意尝试购买通常是认为这个品牌的产品具有可信度。在电商文案正文中引用一些真实、权威的数据，会使得我们的文案内容更具可信度。这些数据可以是研究结果、统计数据或专家观点。有了这些数据做后盾，受众会对文案产生更多的认同感，也会对品牌产品产生更多的好感。这对于促进受众购买产品是非常有利的。

例如，一款电动牙刷的电商文案正文：

"为什么你刷了几十年牙，却没有刷干净过？再快的手速也做不到每分钟清洁10 000次。清洁更彻底，细腻贴合，每一刷都是享受。××电动牙刷，每分钟清洁10 000次，清洁更深入，让您感受电动牙刷的神奇魔力。带给你极致体验的同时，让您的牙变得更白更亮更健康。"

这篇文案中，"再快的手速也做不到每分钟清洁10 000次"是研究数据，

"每分钟清洁10 000次"是产品试验数据。通过两个数据，可以让产品卖点很好地呈现给受众，也使产品在受众心中变得更可靠。

（4）巧用段落结构

合理使用段落结构，也可以很好地突出核心信息。可以在段落开头，将核心信息加以提炼，并以简洁明了的形式呈现给用户。通过段落的主题句，帮助用户快速抓住文案核心信息。

（5）巧用图像和版式

除了可以借助文字内容来凸显核心信息，图像和版式也是一种很好的凸显核心信息的手段。在运用这一方法的过程中，可以使用醒目的字体、字号、图像、配色和版式，将核心信息与其他信息区分开来，以重点突出核心信息。

文案的好坏，直接关系电商网页售卖产品的销量。优质文案需要经过精心策划和打磨，标题、开篇、正文，每一个部分都应认真对待。

爆文法则：打造爆款文案有方法

很多时候，明明是下功夫创作的电商文案，却给人"含糊不清""抓不住重点"的感觉，最后带来的产品转化效果也微乎其微。真正的爆款文案不仅需要深厚的文学功底，还需要符合精妙的爆文法则。有了这两方面的加持，创作出的电商文案才有爆点。有了这样的文案，打动人心、提升用户购买欲望，不再是难事。

在创作文案的过程中，打造爆款文案有秘诀。

1. 牢抓兴趣点

创作的电商文案即便内容精彩绝伦、观点犀利独特，最终没有落到受众感兴趣的点上，受众压根不喜欢看，也是白费功夫。

在写文案前，最好先摸清目标受众的喜好，知道他们对什么样的内容感兴趣。可以用问卷调查或大数据分析的方法，洞悉目标受众的兴趣爱好。根据他们的兴趣爱好去写电商文案介绍产品，这样的文案内容才会受欢迎。

以下是故宫淘宝的一则文案节选：

"大家好，这是一个关于'世界那么大，朕想出去走走，你不让朕走，朕就偷偷地走'的任性皇帝的故事。

在电影里，他长这样（配影视作品图）：他是一个天真活泼、充满创意的年轻人，最大的理想就是改变这个世界！然而实际上，他长这样（配朱厚照画像图）。

他就是明朝的第十位皇帝——明武宗朱厚照。

……

朱厚照有一个梦想，就是要出去走走，到边塞的战场感受一下刀光剑影。大臣们自然很害怕，想当年明英宗也是御驾亲征，结果兵败被俘，大明朝险些亡国。于是，大臣们纷纷上书劝阻，但任性的朱厚照置之不理。朱厚照瞒着满朝文武，偷偷跑到了居庸关。好在居庸关的巡官御史张钦是个耿直的 boy，一屁股坐在了城门下，说什么都不开门。

……

趁着某日，我们的耿直 boy 张钦外出办公不在居庸关，朱厚照连忙溜到关下，终于如愿以偿，到了边关重镇——宣府。

......

作为一国之君，怎可如此任性？朝中一老臣实在看不下去了，直言劝道：呐，做人呢，可以任性！但开车绝不能任性！安全驾驶才能走得更远！

所以，您是真的需要这款车贴！故宫淘宝就有售，仅5元一张哦！"

故宫淘宝的目标用户是对传统文化、文物收藏感兴趣的年轻消费者。这一消费人群的共同特点是：注重个性化、性格张扬，喜欢艺术、前卫、时尚、彰显活力的东西。

故宫淘宝在打造电商文案的时候，就围绕目标受众的兴趣点进行创作。比如，在正文中插入影视作品剧照、使用中英文搭配语言"耿直的boy"，引用影视作品台词"呐，做人呢，可以任性！"等，将整个文案风格变得生动、活泼、有个性，很好地迎合了年轻消费人群的兴趣和喜好。然后在适合的时机顺势推出自己的产品，吸引目标受众购买。整篇文案浑然天成，瞬间引爆营销效果。

2. 贴近生活

过于高大上的文案，给人一种高高在上的感觉。虽然很显高级，但并没有给人以亲近感，间接拉远了与目标受众之间的距离。

能够真正称得上爆款的电商文案，必定贴近生活。如果脱离了生活场景去打造文案内容，就会使整篇文案看上去空洞、不充实。

贴近生活，就是要创作的文案内容围绕产品使用频率极高的生活场景去打造。有生活气息、充满人间烟火味的文案，才更能走进目标受众的内心。电商文案越贴近生活，就越能让人在脑海中构建生活场景，越能让人形成长效记忆，越能将文案打造成爆文。

3. 真情流露

情感的传递，没有语言的隔阂。电商文案每一句发自内心的真情流露，看似是不经意的几句话，却能句句戳中人心中最柔软的地方。这样的文案能很好地唤起受众的共鸣，让文案走进用户的内心。

做电商生意的目的就是卖产品。但真正的文案高手并不会在文案中流露出自己的赚钱目的，而是通过情感化的文案，去关心、关怀、温暖、打动和说服目标受众。那些能够触及人们情感反应的文案内容，往往更具有变现的能力。即便目标受众初次见到我们的品牌和产品，也会因为文案的真情流露，而对我们产生强烈的信任感、认同感甚至是归属感，进而心甘情愿购买我们的产品。能做到这些的文案必是爆款。

知名白酒品牌江小白，其文案火爆全网，有很多成了经典。以下是江小白的一些爆款文案：

所谓孤独就是，有的人无话可说，有的话无人可说。

我们不是害怕变老，而是害怕丢了曾经的单纯。

青春不是一段时光，而是一群人。

肚子胖了，理想却瘦了。

我们总是走得太急，却忘了出发的原因。

江小白的这些文案句句真情流露，用真情建立起了产品与目标受众之间情感共鸣的桥梁；用真情赢得了目标受众对品牌的深度认同。这样的文案让消费者不自觉地想要购买江小白酒。

没有无缘无故的成功，也没有无缘无故的失败。一则电商文案能够成为爆款，必定有其过人之处。了解以上精妙的方法并经过实操历练，你也可以写出能高效变现的爆款文案。

第七章　完整步骤：优质电商网页视觉设计必备流程

电商网页视觉设计是针对视觉功能的表现手段。通俗来讲，就是通过一定的设计，让产品信息以视觉形式呈现出更加出彩的效果。优质电商网页设计，需要遵循一套流程，按照标准步骤操作，整个网站建设设计效果不难实现。

步骤一：主题选择

电商网页设计从形式上看是利用视觉手段吸引消费者，提高销售转化率。但很多网店网页的设计感偏重。这样的网页过于追求视觉效果，从实际运营效果来看，销量却没有因此得到显著提升。所以做电商网页设计，不要过于着急去设计，而是要静下心来，先思考页面的主题是什么。

设计电商网页，重点是要选择好的网页主题内容。需要注意的是，所选择的设计主题一定要有特色，才能从众多商家中脱颖而出。

电商网页主题通常从下面三种主题中选择：

1. 促销主题

促销主题的网页，其设计元素全部围绕"促销"展开。要将"促销"两个字放在视觉的焦点上,并将其放大和突出,以达到吸引消费者的目的。

促销主题可以是:

(1)直降

直降,这种促销主题只有在大型电商平台才会有,通常适用于大中型、有实力的品牌产品。这些品牌凭借多年的经营建立的良好品牌形象和积攒的雄厚粉丝、用户基础,会采取这种降价的方式。但如果经常使用这种方式,对品牌的伤害较大,容易让消费者觉得商品廉价。

(2)折扣

折扣是很常见的一种促销活动。无论是线上还是线下,都会为了引流促销,打出折扣优惠,让消费者忍不住多购买几件产品。

但是,采取折扣促销方式,要注意折扣比例设置的合理性,一般首件折扣不宜过大,也不能太小。最好设置阶梯式折扣,刺激消费者一次购买多件产品。

(3)买赠

买赠也是常见的促销方法。如买一赠一、买二减一、满金额送赠品等。用赠品来刺激消费者购买,这是通过赠品满足消费者"占便宜"心理。

值得一提的是,设置的赠品要让消费者感觉很值,才能更好地激起消费者占便宜的欲望。

(4)赠积分

赠送积分也是很多商家的促销手段,当消费者积分攒到某个值时,就可以享受不一样的会员等级待遇,或者用积分兑换优惠券,在店铺购物时使用。这种赠送积分的方法,能够很好地培养用户攒积分、消耗积分的习惯,提升消费者在店铺的复购率。

2. 节日主题

一年中，有很多节日可以作为电商购物节。为人们熟知的电商平台购物节，如"双十一""双十二""6·18"，以及新年、情人节、妇女节、母亲节、父亲节、端午节、中秋节等节日，都可以作为电商网页的节日主题。

当然，选择什么样的节日主题，还需要根据你销售的产品属性和特点来定。

比如，如果你销售的产品是男士用品，如洗发水、剃须刀、腰带等，可以选择"父亲节"作为主题进行页面设计；如果你销售的产品是糕点等食品类产品，可以选择"端午节""中秋节"作为页面主题。

"双十一""双十二""6·18"等电商平台的购物节主题对促销产品的属性和特点没有过多要求。

3. 常规主题

常规主题，也就是比较随意性的主题，如"春日上新"主题、"上新抢鲜尝"主题等。你可以根据产品特点和属性，以及自己所擅长的风格去设计网页。

主题是电商网页设计的方向。选择适合的主题，根据主题进行设计，才能保证整个页面向消费者准确传达活动内容。

步骤二：视觉定位

在确定好主题后，接下来要做的就是视觉定位。

消费者打开店铺页面，往往会根据第一眼看到店铺的视觉感受，决定要不要进行购物。有的店铺为了凸显品牌和产品质量,却忽视了视觉设计;有的店铺则为了促进产品销量,来进行视觉设计。无论如何做店铺视觉设计,都应当事先做好视觉设计定位,然后着手去做。

电商网页视觉定位根据产品定位和用户定位来确定,分为两种类型:

1. 营销型网店的视觉定位

营销型网店的目的就是实现营销目标,获得更多的销售订单。营销型网店的视觉定位原则就是营造促销氛围,引导消费者喜好,比如促销力度感染、体验角度感染、客户需求的感染。在设计的时候,要将营销思想、技巧融入其中。

一个好的营销型网店,就好比一个出色的业务员,不但了解客户,还精于说服之道,具有很强的说服能力;还能抓住访客的注意力,洞察消费者的需求,有效传达产品优势;能消除消费者顾虑,与消费者建立信任,加速消费者做出购买决策,并付出实际购买行动。

营销型网店在做视觉定位的时候,整合了各种网络营销理念和运营管理方法,不仅注重网页建设的专业性,还要将网页运营管理与维护做一体化建设,使视觉设计的每一个环节和细节,都能围绕"营销""盈利"来进行。

2. 品牌型网店的视觉定位

品牌型网店的视觉定位原则是突出品牌优势,重在体现目标消费者的格调,比如视觉色系风格、内容文案的感染力。在做设计时,要以塑造品牌形象为主,还可以推广品牌产品、传播品牌服务,并将视觉设计作为品牌与消费者沟通的主要途径。让消费者通过页面设计就能感受品牌价值、形象等方面的与众不同。

事实上,小众品牌更加适合做营销型网店视觉定位,因为对于小众品牌,能盈利、能生存才是最重要的。那些大品牌已经在市场中占据了一席之地，其产品已经取得消费者的信赖，重点突出自己的品牌形象，则更容易说服消费者购买。商家可以根据自己的需要和自身特点，选择适合自己的视觉定位。

步骤三：结构规划

在确定视觉定位方向后，就可以做网页的结构规划了。要根据网页主题明确结构规划目标，设置合理的网页结构。

1. 整体规划

做网页视觉设计，首先要有全局思维，站在高处，明确整体规划的思路。

（1）布局规划

对电商网页设计做结构规划的时候，首先要考虑网页的功能，然后要考虑网页的结构和色彩搭配。还要注意使网页内容的设置全面结合主题，突出视觉定位，展现页面内容。还要考虑网页风格是否符合大众审美，网页设计是否符合行业规范。

（2）颜色搭配

从整体上看，颜色搭配也起到了很多的作用。一个优秀的网页作品，其色彩搭配总体给人视觉上的和谐感，让人看后赏心悦目。想要做到这一点，不仅要熟练掌握网页色彩搭配技巧，还要多观察和学习优秀页面的成功之处及配色方法，从而设计出更适合品牌或产品特点的精美页面。关于色彩搭配，前文已有过详细的技巧分享，这里不再赘述。

2. 技术要求

电商网页设计，是对设计者技术的一种考验。在着手操作之前，要明确：

（1）一般效果要求

通常，页面显示的分辨率为 1280px×960px；主页面的宽度要达到 1200px 以上，高度不限；Banner[①] 通栏最好有动态效果等。

（2）版面设计要求

制作过程中要注意规范操作，包括页面代码、版面色彩协调、版面布局、网页图文处理等。

3. 板块划分

电商网页板块的类型分为两种：

（1）店铺板块划分

第一板块："网页头部"板块，包括品牌标志、宣传海报等。

第二板块："导航条"模块，包括"首页""全部宝贝""宝贝分类""店铺会员"等。

第三板块："Banner"板块，以宣传品牌形象为主的图文广告。

第四板块："优惠活动"板块，如"关注领取无门槛券""满200元减20元"等。

第五板块："产品分类"板块。如果是服装品牌，"产品分类"板块可以按外套、衬衫、半裙、连衣裙、T恤、针织衫、卫衣、必买爆款、近期热销新品等分类。

（2）商品板块划分

商品板块划分为：商品详情页板块、支付板块、会员管理板块、订单管

[①] Banner，即首页的横幅广告。这个资源位能带来大量流量，可以有效提升品牌在电商平台上的知名度。

理板块。

4. 设计分析

电商网页设计中,要将静态效果与动态效果相结合,尽可能将艺术美感与技术有效结合,这样打造出来的页面会给消费者更好的视觉感受,给商家带来可观的盈利。

步骤四:素材收集

电商网页视觉设计,重在视觉元素素材的运用,素材收集也是电商网页视觉设计必备环节。在做好主题选择、视觉定位、结构规划之后,就要根据需求来收集素材。

要收集的素材大致包括文字、图片、声音、动画、视频、模板等。掌握优质的素材收集渠道,可以在视觉设计实操中帮我们高效出成果。

以下是几个有效的素材收集渠道:

1. 积累

做内容创作,除了有自己的突发灵感,其实更多的是需要我们平时不断地刻意积累。如书籍、报纸、杂志以及平时上网时发现的好的创意等,这些都是构成一个好电商网页的基石。当你积累的素材达到量的极致时,就会产生意想不到的质的飞跃。

2. 搜索

除了平时积累,我们还可以根据自己的需要,有针对性地搜索和挖掘。可以去一些专业的素材库挖掘需要的素材。当然,版权问题,是需要特别关

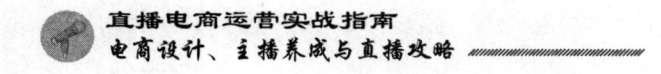

注的。

3. 参考

如果实在是没有找到合适的素材，可以借鉴别人的优质素材。有很多同行在电商网页视觉设计方面打造了高质量案例，我们可以多看看、多学习、多参考，为自己的视觉设计提供灵感。但这并不是意味着照搬或盗用他人的作品。

那么如何既能借鉴又能规避弊端呢？分两步走：

（1）挖掘

要充分利用自己敏锐的观察力，在全网电商平台中的优秀案例中进行取舍，找到几个当前做得最好、与自己的品牌和产品调性、价值相同或相似的电商页面，作为设计样板。

（2）重组

我们需要做的是根据自身品牌和产品的特点，通过自身的灵感，重新设计并加以创意润色，形成属于我们的原创设计，给消费者带来意想不到的视觉感受。

总之，不论你设计的电商网页属于哪一行业的内容，你出成果的效率取决于你对素材掌握的程度。掌握的素材量越多，在操作的时候就越能有的放矢，效率也就越高。因此一定要重视素材的积累、搜索和借鉴。

步骤五：网页制作

电商网页是产品信息的载体，是连接产品与消费者的桥梁和窗口。在制

作网页的时候,要注意掌握以下要点:

1. 靠布局捕捉消费者目光

很多网店页面粗制滥造,用户浏览体验极差,很难有继续看下去的欲望。很多电商在设计页面的时候,并不注重视觉营销,也不知道如何才能做好电商的视觉营销。

制作电商网页,要站在营销角度去策划,要以符合消费者心理为原则去设计。

(1)产品首屏图差异化设计

消费者在搜索关键词后,出现的查询结果中,如果你的商品首屏图设计得足够与众不同,就能在第一时间吸引消费者的关注。因为,在众多产品中,消费者更加对那些与常规信息相比有很大差异信息的首屏图好奇和感兴趣。

比如,同样卖电蚊拍,别人在产品首屏图写的宣传语都是"新款二合一""灭蚊灯+电蚊拍",而你在首屏图写的是"充电式电蚊拍""光触媒灭蚊灯""三合一电蚊拍"。显然,与众不同的首屏图更容易吸引消费者的目光。

(2)突出消费者关注的信息

消费者购买东西,一般关注的就是价格是否符合心理预期、产品功能是否满足需求、性能是否足够好、销量是否足够多、评价是否足够好等。掌握了消费者的心理需求后,消费者在意的是什么,就要在首屏图中写什么、重点体现什么。

比如,消费者买樱桃,关心的就是樱桃的价格、鲜度。所以,消费者在意的这两点，我们要在首屏图将其充分体现，如图 6-1 所示。

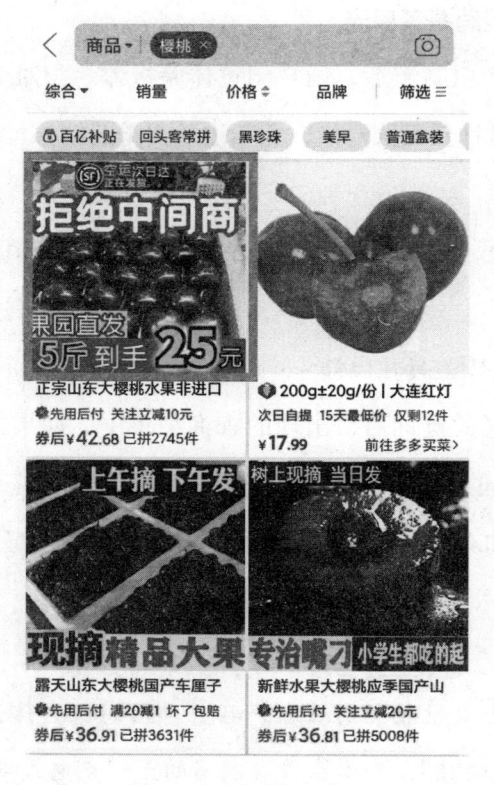

图 6-1 页面设计对比

左上方的首页设计站在消费者立场上，充分考虑了价格和鲜度两个问题。其中"拒绝中间商"，以及突出体现的"25"说明价格低；用"果园直发"和"空运次日达"来体现及时锁鲜。这样的首屏图无疑是优质的。

作为商家，需要多站在消费者的立场去思考，选择把切入痛点的关键词放在首屏，尽可能吸引消费者的关注。

2. 借视觉元素清晰传达信息

电商网页视觉设计，就是要用有用的元素，尽可能向消费者更加清晰地传达产品信息。具体而言，可以做如下操作：

（1）重复

如果将同一个视觉元素多次重复展现在消费者的视野里，消费者的视觉就会跟随这个视觉元素，并在脑海中形成深刻的印象，甚至产生牢固的记忆。

重复是最简单、清晰的传达信息的方式。页面中重复的产品图会让消费者产生一种很有趣的视觉效果，同时能很好地引导消费者的眼睛集中到这个重要的信息上。比如，同款棒棒糖，不同颜色重复放在一起，与分开放相比，放在一起传达的信息更清晰，让人印象更深刻。

（2）延续

应用延续的方式设计视觉元素，能很好地引导消费者的视线到另一个位置，起到清晰传达信息的目的。

3. 用活动实现用户变现

商家想要留住用户，并实现销售转化，关键要设置优惠活动。但设置优惠活动也不是一件随意的事情，还要以突出消费者能得到的利益为主。如图 6-2 所示。而且，优惠活动要放在醒目的位置，以便消费者在第一时间看到，同时页面可以增加按钮来促使消费者进行点击，参与活动，领券购买。

图 6-2　设置优惠活动

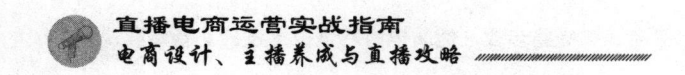

电商网页视觉设计的关键在于能吸引消费者眼球，确保消费者积极下单购买。在制作网页时，做好以上三点，才能达到最佳营销效果。

步骤六：后期检测

网页设计与制作全部完成，并不意味着万事大吉。后期还需要对网页进行全面检测，确保页面效果更优。

具体的检测内容包括：

1. 合理性

页面设计在注重视觉审美的同时，还需要注重营销逻辑的合理性与科学性，包括板块编排是否合理、色彩搭配是否得当、信息传达是否科学等诸多方面。

以信息传达为例。信息传达是要分层次展开的，就像我们语言表述逻辑一样，需要有层次，层层推进。否则容易出现接受消费者信息的盲区，使消费者难以对产品形成有效认知和记忆。

2. 流畅性

好的页面不仅在视觉上给人以美感，还能在操作上给人以流畅感。试想，如果消费者在点击你的首屏页之后，整个跳转过程卡顿不堪，则很难有耐心继续等待浏览你的店铺和商品，消费者的跳出率会很高。

3. 简洁性

页面最终的浏览对象是消费者，如果你的页面设计元素过于复杂、错乱，严重影响消费者的浏览和阅读体验，消费者直接跳出你的店铺或产品页面，更何谈下单购买。所以在完成页面设计与制作后一定要检查整个页面逻辑是否清晰、板块排版是否有序，是否存在无关信息。

4. 规范性

视觉规范可以确保产品展示、售前售后服务、订单管理、用户评价等整个页面的风格整体上保持统一性。这有利于消费者更好地识别和区分你与别人的店铺，也可以避免消费者在浏览页面时出现误解。

一次操作很难达到理想的设计效果，经过多次检测和调整，整个页面才能逐渐趋于完美。切勿忽视后期检测的重要性。

第二篇
主播养成：爆红主播养成攻略

第八章　行业认知：直播行业基本认知

近几年，直播领域风光无限，主播这一职业也随之兴起，一大批娱乐主播率先出现在大众视野当中。随着直播行业的进一步发展，电商行业与直播结合，以一种全新的姿态——直播电商掀起了电商新风潮，很多主播向带货主播转变，增加了不一样的职责和意义。从零了解直播行业，你将对直播行业有一个全新的认知。

什么是直播网红

近年来，直播行业的发展迎来了新一波增长拐点，成为全民娱乐性消费的焦点。随着电商与直播的融合，娱乐直播逐渐向带货直播演变。与此同时，很多娱乐主播积累一定量的粉丝后，就开始直播带货，将流量变现。有的主播甚至因为超强的带货能力，刷新了直播带货的纪录而迅速蹿红，成为直播网红。

为什么这些主播能爆红呢？既没有无缘无故的失败，也没有无缘无故的成功。

1. 直播的火爆

直播平台的出现，本身就携带娱乐"基因"，主播通过直播间展示才华、技能，博用户开怀一笑。随着直播的出现以及直播平台的不断增多，在网上看直播成为人们生活中的一种消遣，成为人们每天闲暇时打发时间、愉悦身心的全新方式，更成为人们的一种全新生活习惯。同时，直播是语音与视频相结合的产物，主播能够更加真实、实时、具象、生动地与用户互动。这也是直播火爆的真正原因。

2. 直播产业化

最初，直播只是作为一种媒体工具而存在，给人们带来不一样的视听体验。但随着直播向各领域的不断渗透，直播已经成了一种产业。直播带货、直播推广也成为品牌销售和推广的标配。再加上直播本身有持续、稳定的优质内容作为支撑，这也是直播持续爆红的核心因素。

直播如此火爆，由此带动很多人选择从事主播工作，主播逐渐成为新的职业。一些能够持续输出好内容的主播，则更具吸粉能力及变现能力，这类主播能在直播行业得到更好的发展，也能很好地解决产品流量转化为盈利的问题。

虽然近几年直播带货行业发展得风生水起，但直播行业还没有完全释放潜力，还有很大的增长空间。直播经济仍将持续发展，直播网红仍将增多。

什么样的人适合做主播

很多没有接触过主播这个行业的人，认为做直播是一件非常简单的事情，只要每天开直播，就能吸引观众观看，就能获得稳定的收入。当其真正踏入直播行业，真正成为主播的时候才会发现，做直播并没有想象的那么简单。

那么什么样的人适合做主播呢？

系统地说，做主播的人需要满足以下五个条件：

1. 有固定时间

每个平台对于主播都有最低直播时间要求，每天固定时间、固定时长直播，可以很好地积累观众和粉丝。做主播不能三天打鱼、两天晒网，否则观众很难对你形成依赖感，粉丝不易留下。

2. 懂得互动与交流

直播是个互动性极强的活动，最大的特点就是及时性，要求主播能够及时与观众互动、交流，解答观众提出的疑问。

3. 能说会道

主播要在镜头前侃侃而谈，不管观众提出什么问题，都有应对方法，而不是支支吾吾，连自己直播的目的和内容都不知道。

4. 愿意去思考与学习

学习犹如逆水行舟，不进则退。直播行业竞争激烈，如果你对目前所取得的成就沾沾自喜且不思进取，不去充电和学习，则易陷入故步自封的境地。

5. 注重维护人设

人设是主播最大的卖点，假如你是一个打着"只卖正品"旗号的主播，却被观众发现存在真假混卖的行为，那么你的人设就崩塌了，观众会对你产生不信任感，进而对你及你的产品产生反感。因此，维持自己的人设，踏实做事才是最重要的。

总之，并不是人人都可以从事主播这一职业，不具备以上条件的人在做主播之前要慎重考虑。

没有颜值、才艺如何成为主播

很多人认为，做主播要么需要高颜值，要么需要有才艺，要是两者都不具备，就难以吸引粉丝，也就失去了成为优秀主播的资格。事实上，这种观念是错误的、偏执的。

传统意义上来说，做主播需要高颜值及一定的表演才能。但我们一定要明确观众看直播的目的。观众看直播的目的主要有以下三点：

第一，打发时间。有的时候，人们不知道短暂的空闲时间该做点什么，直播能够满足人们打发碎片时间的需求。

第二，缓解压力。当代社会，人们的生活节奏比较快，生活压力、工作压力、情感压力等让人们感到疲惫。直播作为一种娱乐方式，给人们带来欢乐和愉悦，因此观看直播也成为人们喜欢的一种解压方式。

第三，学习技能。直播是一个很好的学习渠道，很多主播的内容极具干货，向受众传输知识和技能，因此吸引很多为了提升学识、技能的观众。

明确了人们观看直播的目的后，我们就会发现，人们看直播并不是单单冲着主播的颜值和才艺去的。那么没有颜值、才艺的人要怎么才能做主播呢？

1. 说话幽默风趣

有趣的灵魂也能让人印象深刻。幽默风趣的语言风格是主播内在气质的外化，是主播思想、意识、智慧和灵感的结晶。一个善于交流互动，说话幽默风趣的人，总能给观众带来乐趣和新鲜感。同时，轻松的氛围也便于双方交流感情，在笑声中拉近距离，让观众和粉丝感觉你很有亲和力。这样的主播无疑非常有吸引力，幽默感为主播的魅力起到锦上添花的作用。

2. 提高自己的情商

主播每天会遇到很多围观观众，各种性格脾气的人都有。面对不同的观众，高情商的主播总是能灵活、妥善地应对，主播要通过高情商在观众中建立良好的形象，尽可能让更多的人喜欢自己。

3. 保持高度热情

无论做什么事情，保持高度的热情，是成功的必备条件。即使没有出众的颜值和才艺，但只要不轻易否定自己，时刻保持一颗不懈努力的心，相信自己，对主播事业怀有无限憧憬，再佐以有效的方式和方法，同样可以成为一名优质主播。

总之，颜值于主播而言，更多地起到包装的作用，颜值高可能会使你相对容易受到人们的关注，才艺也是主播的加分项，但只靠颜值和才艺展示即便获得观众和粉丝的支持，也只是一时的，并不是长久之计。

一名优秀的主播并不是靠颜值和才艺才能取胜，即便没有出众颜值，也没有精湛才艺，你同样有机会成为优秀的主播。

网络主播类型有哪些

近年来，直播产业的规模加速扩大，主播作为推动直播产业发展的重要力量，因此赚取了不菲收益。

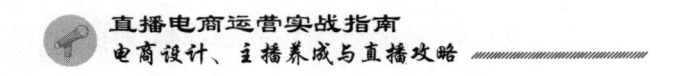

那么主播究竟有哪几种类型呢？大致分为以下六类：

1. 秀场主播

早期，主播都是以展现才艺为主，如唱歌、跳舞、脱口秀、弹奏、聊天、魔术等。这类主播就属于秀场主播。秀场主播节目形式多样，"爱演能演"是特色。直播平台会根据才艺类型为主播推荐观众。

2. 游戏主播

游戏主播也是常见的主播类型。游戏主播对于专业性的要求较高。

首先，游戏主播要喜欢游戏，会玩游戏。

其次，游戏主播还需要会讲解游戏，能将游戏讲解得生动、吸引人。

最后，游戏主播还需要有自己的特色，否则游戏主播那么多，没特色难以脱颖而出，难以获得人们的关注。

3. 带货主播

当电商遇到了直播，衍生出了电商直播，由此诞生了带货主播这个职业。其职责就是通过直播的形式为品牌带货。带货主播通过与粉丝之间的信任和情感连接，实现了粉丝经济的自然转化。带货主播具有以下特点：

（1）高专业性

干一行爱一行，更要懂一行，带货主播同样如此。带货主播必须对产品和品牌十分了解，并掌握相关的专业知识，这样在为消费者推荐产品、种草产品的时候，才更容易赢得信任，进而引导消费者产生购买行为。

（2）强互动能力

在强互动的新零售时代下，直播带货一定要先社交后成交。社交互动是与消费者建立强关系的前提，否则一味靠优惠让消费者下单，路会越来越难走。直播本身具有强互动的优势，带货主播要将这种互动优势充分利用起来，才能获得不一样的变现效果，才能在带货之路上走下去。

（3）强推销能力

带货主播充当了销售员的角色，集营销、引流、销售于一体，能帮助商家快速引流，打造私域流量池，高效变现，能有效地通过销售技巧说服消费者下单，让整个直播间销售氛围拉满。

4. 情感主播

情感主播主要走情感路线。这类主播通常具有如下素养：

第一，能设身处地体验用户的困惑和烦恼，能站在对方的立场上帮助他们解决问题。

第二，有同情心、包容心，也有足够的耐心，能够静下心来倾听对方的苦衷和诉求，能够给对方进行情感方面的开导。

5. 虚拟主播

虚拟主播目前在主播行业中所占比例较小，但虚拟主播作为直播赛道上的一匹黑马，深受人们的喜爱。

虚拟主播是通过光学动作捕捉系统，捕捉真人动作和表情，将动作数据同步到虚拟角色上，以 3D 或 2D 的形式呈现，并以真人声音配音。虚拟主播可以与现实世界中的粉丝进行交流。当然，虚拟主播既可以进行才艺表演，也可以为品牌带货等。

6. 其他主播

除了以上主播，还有其他网络主播，包括教学主播、美食主播、财经主播、健身主播等。这些类型的主播在主播行业中占比相对较少。

无论何种类型的主播，要想受欢迎，只有在各自的领域做专、做精，才能有更好的发展前景。

主播吸金变现渠道

随着直播内容多元化，变现方式也呈现出多元化的特点。那么主播如何赚取收入？变现渠道有哪些呢？

1. 打赏变现

打赏变现是一种最基础的直播变现方式。很多主播都是通过用户打赏来赚取收入的。用户一般付费充值购买虚拟礼物，然后将虚拟礼物打赏给主播。主播在直播平台上将其兑换为人民币。

如果主播隶属于某个工会，其赚取的收入则由工会和直播平台统一结算，主播则从中获取工资和部分抽成。

2. 广告佣金变现

当主播的粉丝积累到一定量，拥有个人品牌后，很多品牌就会看重其粉丝量，委托主播为商家做产品宣传和推广，如举行发布会直播、招商会直播、展会直播、新品发售直播等，实现传统媒体无法实现的互动性、及时性等。主播则向品牌收取一定的宣传费用作为报酬。

当然也可在直播间中植入广告，按约定和广告商结算费用，也是一种变现形式。

3. 带货佣金变现

很多大主播、明星主播会与品牌合作，通过直播的形式为品牌展示商品和销售商品。与传统电商相比，消费者在直播间可以更加直观地看到产品细节，获得身临其境的选购体验。用户购买品牌产品，品牌就会支付主播佣金，与销量无关的部分就是我们常说的"坑位费"。坑位费往往与主播的知名度呈正比。在直播结束后，主播还可以根据消费者实际产生的销量，向品牌商收取一定的提成。

4. 内容付费变现

内容付费也是一个重要的变现方式，如一对一知识直播、在线教育直播等。这类直播好比线上辅导班，粉丝购买课程后，可以进入直播间，享受付费课程。付费模式对直播的私密性要求更高，付费直播的内容质量要求相对较高，可以有效地留住粉丝，为主播增加收益。

不论通过哪种变现方式实现转化，主播首先需要不断沉淀自我，积累粉丝。只有更多粉丝愿意参与进来，主播才能获得更多的转化机会。

第九章　爆红有术：网红主播爆红的秘诀

在这个价值多元的时代，每个人都有特定的价值取向。有的主播恰好能抓住这个价值取向的点，而且占据了市场中最稀缺的资源，成为爆红主播。那么主播爆红的秘诀是什么？本章将为你揭晓答案。

主播爆红必备"基因"

优秀的主播可以是普通人，也可以是明星、名人，他们的爆红都是因为骨子里有一些强大的"基因"。如果能具备这些"基因"，就能在直播这条道路上越走越好、越走越稳。

主播要爆红，必备以下"基因"：

1.兴趣使然

兴趣是最好的老师。只有对一件事情表现出极大的兴趣，才能将这件事情自主自发地做好，做到极致。这是成功的基础。

2.享受工作

很多人做主播只是为了赚钱，实际上对这份工作并没有激情。另外，直播也是一个非常忙碌的行业，而且承受着相当大的压力，如果每天用一种倦怠的心态和行动对待直播以及直播间的用户，主播只会在工作中感觉越来越累。享受当下的生活是一个人生活的最高境界，人们不仅要享受生活，还要享受工作。如果你把直播看作一件让自己非常享受的事情——享受赢得观众认可的感觉，享受与观众聊天互动的感觉，享受将自己的知识、经验分享给他人的感觉，那么你对直播这份事业则会充满热情，更觉得做直播能使自己快乐，能展现自己的价值，也就能将直播这件事情做下去，并将其做得更好。

3. 定力强大

直播看似简单，其实是一件考验人耐心和定力的职业。无论外界诱惑有多少，依然在直播间坚持是最重要的。那些难以沉下心来做直播的人是难以在直播行业获得成功的。做主播，贵在坚持，有努力目标，有强大定力，在坚持中迟早能找到属于自己的专有直播风格，最终必有收获。

4. 自律性强

自律，是一个人不断前进的动力。自律的主播通常会告诉自己什么可以做，什么不可以做。他们往往会给自己制定一个切实可行的奋斗目标（如在一定时间内粉丝量达到一个数值），并能为了这一目标而坚持每天固定的时间直播，坚持播固定的时长，还能保证直播内容的自律，包括内容规范和质量的把控。而不是三天打鱼，两天晒网，看到别人播什么内容火、人气旺，就换什么内容去播。要知道，不断更换直播时间和时长，跟风更换内容，就很难沉淀粉丝，可能一时能博眼球，最终还是会惨淡收场。

直播行业发展潜力巨大，要想成为一名优秀主播，"内省"二字尤为重要。做自己感兴趣的领域，寻找自己最擅长的内容，钻研自己最喜欢的专业，将直播当作一种享受，具备这样的"基因"，你的直播事业才能继续走下去，才能发展得越来越好。

优质主播爆红特质

直播领域主播有那么多,能够被称为优质主播的人必须具备以下特质。

1. 共情力强

所谓"共情",就是能设身处地地站在他人的角度和立场去感受他们的情绪,由此产生与对方相似的情感体验。主播做直播重在与用户和粉丝沟通,但语言表达由心而发,是传情达意的基础。但如果要将自己与用户和粉丝的沟通变成双方的共鸣,就需要主播能够与用户、粉丝的情绪同频。优秀的主播往往有很强的共情力。这样才能让用户觉得主播是自己人,才能有助于主播与粉丝之间建立牢固的信任关系。

有共情力的主播能做到以下三方面:

(1)自我定位明确

共情力强的主播非常明白自己的位置,能将自己放到配角的位置上,将粉丝视为主角,使粉丝获得被重视感。

(2)善于倾听

共情力强的主播善于倾听,能从对方的语言中挖掘情感信息,还能换位思考,去感受对方内心的情绪,并设法满足对方的诉求。

(3)直率真诚

共情力强的主播能恰当地表露自己的好恶,不藏着掖着,非常坦诚,对于错误的言行敢于大胆抨击;对于充满积极、正能量的事情,能给予高度赞扬。这样率真、坦诚的主播，更容易得到粉丝的支持。

2. 亲和力强

亲和力强的主播，能够给人容易亲近的感觉，使用户和粉丝愿意与其互动和交流，更容易获得好人缘。亲和力强的主播有以下表现：

首先，能够以谦和的姿态与用户交流，表现出对用户的尊重。这样的主播能快速拉近与陌生观众的距离，使直播间聊天氛围更加融洽。

其次，能够时刻面带微笑。微笑是一张无言的名片，虽然无声却胜有声，让人赏心悦目、内心舒畅。即便是陌生人，在看到主播的微笑时，也会感觉主播很亲切，愿意靠近主播，并成为主播的粉丝。

最后，话语甜美。甜美的话语好比琼浆玉液，让人心醉。亲和力强的主播，说的话甜美中听，听了让人舒服，感觉是一种享受。

3. 社交力强

主播与粉丝建立良好关系的基础就是社交互动。社交能力强的主播，在直播的时候，能够像与好友聊天一样，分享自己的喜悦与难过，分享自己的心得与经验，并与粉丝进行互动讨论，能及时回答用户在公屏上的提问。通过强互动交流方式获得的粉丝，彼此之间的关系更强、忠诚度更高。

做一名主播容易，成为一名优秀的主播很难。谁能在成为优质主播这条路上不断修行，谁就能最先成功。

爆红主播的四个习惯

很多人看到那些大红主播做得风生水起，也盲目跟风，开始从事主播这个职业。但坚持了一段时间后，发现自己每天辛苦直播，却很少有人支持，收入更是不如人意。殊不知，要成为爆红主播，需要形成以下四个习惯。

1. 做好充分准备

做任何事情，不打无准备之仗。想要成为一名爆红主播，首先要充分做好准备工作，包括：

（1）心理准备

做直播表面风光，但背后却要主播付出很多，包括时间、精力、资金等。而且在直播的过程中，我们可能会遇到各种各样的状况。那些主播大咖，都是从无名小卒开始并一路走向成功的。如果没有做好长期坚持的准备，如果没有强大的内心，没有抛开一切顾虑的心理准备，就最好不要开始。

（2）本职工作准备

做直播，离不开各种设备的准备，还需要掌握相关直播技术操作，具备专业特长，懂得直播间布置原则和技巧，会根据自己的特点打造属于自己的直播风格，会用服装或道具、妆容、内容打造自己的人设。如果不懂这些，那么做起直播来会困难重重，更别说爆红。

2. 大方展现自我

做主播重在吸引人们围观。如果你有才华、有学识、有阅历、有技能，却不善言辞，羞于表现，无法在直播间活跃气氛，无法将自己优秀的一面展现出来，即便你是块金子，别人也发现不了你的优点，更难以喜欢上你。

3. 注重发展粉丝

粉丝是主播持续走下去和变现的基础。主播在直播的时候，除了展现自我，还应当注重发展粉丝，增加粉丝量。

4. 播后复盘

主播如果故步自封、停滞不前，就难以有所成长和提升，吸粉能力也会十分有限。爆红的主播经常会在下播后复盘，分析当天的用户数据，无论是好还是坏，都会做总结和分析，明确成功原因，找到失败根源，从而将优势发扬下去，将失误加以改进。在长时间的复盘和提升的循环中，自己的直播能力和直播效果会得到全面提升。

做主播需要一步一个脚印走下去。养成以上四个好习惯，可以让你的直播事业更进一步，少走很多弯路。

掌握主播爆红路径

很多人非常羡慕那些当红主播，但打铁必须自身硬，掌握主播爆红的路径，我们也可以成为自己想要成为的样子。

1. 内容精准定位

在这个内容为王的时代，干货内容才是吸引粉丝的根本。优质的主播往往能事先做好内容精准定位。

首先，擅长什么、专业是什么，就去做哪个领域内容的主播。

比如，如果你擅长健身，就做健身运动方面的内容；如果你擅长化妆技巧，那么你可以做美妆带货直播。

再比如，你平时着装搭配虽然看上去简单、朴素，却给人十分优雅、得体的印象，还能达到很好地修饰身材的效果，这就意味着你在服装搭配方面很有一手，你就可以做服饰类直播。这些潜在专长虽然是隐性的，但都可以成为直播内容。

其次，找到自己擅长的内容领域，进一步精耕细作，做这一领域垂直化的内容。你的内容越垂直，意味着你的内容定位越精准。在当下同质化内容严重的时代，谁能够摆脱千篇一律的内容定位，谁就能快速打破观众的视觉疲劳，从庞大的主播队伍中快速脱颖而出。

2. 持续输出内容

对于任何一个主播来讲，做有特色的原创内容直播是其在直播行业立足的根本，也是实现高效引流、变现的重要途径。因此，在做直播的时候，主播一定要打造属于自己的特色内容，并持续地将其充分展现给用户。

如果你是做汽车类直播内容的，可以把与汽车相关的知识作为直播内容，并持续向观众输出，以此确保对相关内容感兴趣的用户可以持续关注并进入直播间围观。

3. 打造个人标签

主播想要爆红网络，还需要为自己打造个人标签。个人标签就像是产品品牌一样，可以使主播拥有外在形象和内在"修养"，能够在同领域的众多主播当中更具辨识度，还能向观众传递出一种独特、鲜明的信息。这种信息能在特定的人群中形成高密度传播和流行，得到更多人的认识和关注。

4. 广撒网，多播种

在不同的直播平台上分别聚集着大量不同的用户，因此，为了吸引更多的粉丝，主播应当广撒网，多播种，"混迹"在多个直播平台上。这样才能让更多人看到你的存在，让更多人喜欢上自己。这也是主播爆红的一个重要途径。

5. 引爆社群力量

对于主播而言，有一个十分特别的地方，就是粉丝群。粉丝群本质上就是社群。

什么是社群？社群由共同兴趣、爱好和目标的人聚集而成，社群成员自愿推荐和分享自己心仪的东西，他们中有一个"群主"，在"群主"的带领和主导下，形成了一个利益共同体。

主播以"发福利"的方式告知用户进入粉丝群，群成员享受不定时价值内容、红包福利等。主播通过运营社群的方式，达到运营粉丝的目的。之后，主播还要对社群进行维护和管理，以保证社群能够不断沉淀，引爆社群的力量，实现正向、持续发展。

任何事物、任何人火爆的背后，都是有迹可循的。掌握成功路径，并付诸行动，成为爆红主播的梦想才能照进现实。

第十章　养成计划：从新手到头部主播的华丽蜕变

在做直播的路上，没有谁能轻而易举成功。每一个知名主播都是从寂寂无名的新手逐渐成长起来的。在整个成长过程中，他们都有自己的成长目标，都有自己的成长计划，然后根据计划一步一步实现从新手到头部主播的华丽蜕变。

新手主播必备三大素养

在直播领域，许多知名主播拥有数百万甚至千万粉丝。由此也吸引很多年轻人涌入这个行业，想要一炮而红。但新手刚入行还是会感到迷茫，不知道该如何做起。这里分享主播必备的三大素养，也是每一位新手主播必须培养的素养。

1. 扎实的内容制作能力

直播属于新媒体的一种形式，当下的新媒体注重内容为王。好的内容是吸粉的前提和基础，主播能否做下去，关键是有没有用户需要的内容。如果主播的内容能满足用户需求，能处处充满创意，天天都有新内容，那么必定会赢得粉丝的长期关注。

互联网用户数以亿计，需求种类成千上万，但万变不离其宗，归纳起来，用户对于内容的需求具备以下共性：

（1）原创性

当前同质化日益严重，千篇一律的内容必然会让用户感到索然无味，产生审美疲劳。对于那些如法炮制的直播内容，用户已经失去了兴趣。他们越来越追求那些具有创意、带有正能量的原创内容。这样的内容更具灵魂，更能给用户带来新鲜感。也只有原创内容，才能重新吊起用户的胃口，使新手主播快速积攒人气，甚至能在短时间内创造引流奇迹。

（2）有"干货"

有的主播，在直播间侃侃而谈，却没有主题、没有重点，用户起初可能是无意间刷到了主播，但在直播间驻足后却发现，直播间的内容毫无营养，待着就是浪费时间。纵观那些优质的主播，他们在直播的时候，不但能为用户带来原创内容，还"干货"满满，使用户被深深地吸引，甚至将用户牢牢"栓"在直播间——因为用户不愿意错过每一个精彩内容。

2. 吃透用户心理

主播还要知道用户所思所想，吃透他们的心理，用户才愿意关注并追逐主播。

用户看直播有哪些心理呢？

（1）获取价值内容的心理

市场变化速度相当快，昨天的爆红内容，今天可能就成了明日黄花。昙花一现的主播网红比比皆是。因为他们盲目跟风，却没有为用户带来有价值的内容，没有满足用户的价值内容需求。有价值的直播内容，才是直播的流量密码。

什么是有价值的直播内容呢？这一点其实与短视频的价值内容相通，即具有实用性的内容、能为用户带来利益的内容，能对用户成长有所帮助的内容，这些对于用户来讲，都是极具价值的内容。

（2）获得存在感的心理

人们经常在微信朋友圈晒美食、晒宠物、晒旅游等，晒的内容五花八门。但究其本质，人们只是想通过这种方式获得更多的点赞和评论量，以此找到自己的存在感。

随着互联网、移动互联网的出现，人们面对面交流的机会减少，粉丝的存在感也随之减少。因此，他们更加注重这种心理上的满足。如果主播能在直播间给用户足够强的存在感，他们会对主播产生好感，甚至成为忠实的粉丝。主播可以对刚进入直播间的用户打招呼或问候，或者在直播间增加粉丝特权，对于成为自己粉丝的用户，给予更多的互动，如连麦等，这些都是满足用户存在感需求的方式。

（3）寻找归属的心理

用户在观看直播时，对于那些与自己兴趣相投的直播内容会表现出更多的偏好，获得归属感。为了满足用户的这种心理，主播在策划直播内容时，要从垂直细分领域入手，将散落在各个角落的、对垂直细分内容感兴趣的人有效聚集起来。

3. 善用数据分析替代经验判断

如今是大数据时代，大数据的出现为各领域的发展注入了新动力。作为新媒体领域的一员，主播也应当与时俱进，学会用大数据统计和分析用户存留、变现情况，以便更好地调节直播计划，加强直播运营管理等，而不是凭借经验判断。数据分析对主播引流、吸粉、变现能力的提升有着不可替代的作用。

千里之行，始于足下。虽然从懵懂新人蜕变为头部主播的开头难，但如

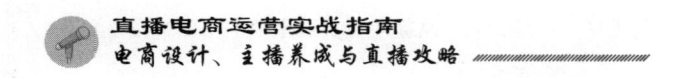

果能掌握有效的方式方法，坚持下去，假以时日，厚积薄发，必有回报。

主播必须培养的九大基本能力

每一个行业、每一个岗位，都对个人能力有基本要求，主播这个职业也不例外。作为一名主播，在行业中生存和发展，就要求主播必须培养九大基本能力。

1. 专业力

做一行就要专一行、精一行。无论什么领域的主播。从新手主播到成熟主播的转变都需要足够专业的水平，这也是评估一个优质主播的重要标准之一。

如何提升自己的专业水平呢？就是要通过后天不懈努力，不断提高自己的专业水平，做到人无我有，人有我优。

2. 表达力

对于主播来讲，表达能力非常重要。如果你能够通过语言抓住观众每分每秒的注意力，那观众就对你形成了黏性。语言表达能力是考察一个主播的关键指标。因此，平时主播不仅要多与人沟通，表达自己的想法，练习自己的口才，还要勤于积累和掌握丰富的知识，使自己在表达的时候思路清晰，逻辑严谨。

3. 持久力

持久力就好比跑马拉松一样，是对主播心理和身体的双重考验。如果没有耐心，只有三分钟热度，那么你很难做好直播这份工作。主播平时要调整好心态，多训练自己做事情的持久力。

4. 吃苦能力

主播这个职业，外表看上去光鲜，但背后却是外人所看不到的努力。做主播，不但要在直播间卖力直播，下播后还需要做各种准备工作，如内容策划、脚本创作等，如果是带货主播，还需要选品、组织带货话术等，基本没有休息日。新手主播要培养吃苦能力，做事情要亲力亲为，遇到困难要勇敢面对。久而久之，当自己真正得到成长的时候，你就会发现，其实自己遇到的困难都算不了什么。

5. 自信力

自信的人做起事情来很有激情和冲劲。主播如果不相信自己，又如何说服观众喜欢你？又如何让粉丝支持你？既然做了主播，就要抛开一切思想负担，自信地做好自己的事业。同时，还要多进行积极的自我心理暗示，用积极、正向的暗示告诉自己"我能行"。在自我暗示和鼓励后，你会发现你做起事来有了很多底气，而且会发现，自己在直播间的表现也越来越好，赢得了越来越多观众的肯定。

6. 个人魅力

比起那些用力讨好观众的做法，充分展现个人魅力来吸引观众，所产生的效果会更好。每个人都有属于自己的直播风格，包括服饰风格、语言风格、内容风格、口头禅等，是个人魅力的最好展现形式。主播要不断从穿着打扮、语言表达、内容风格、口头禅方面进行强化，打造独有的直播风格，提升个人魅力。

7. 反应力

直播间可以说是一个"小社会"。主播每天要面对形形色色的观众，观众提出的问题也各不相同，有的问题甚至十分刁钻古怪，让人尴尬至极，但这正是对主播反应能力的最好检测。如果主播处理不当，不仅无法让观众喜爱，还会给自己带来负面影响，影响自己的收入。

那么主播该如何提升自己的临场反应能力呢？

第一，要增加自己的经验和见识。这就需要多做几次直播，直播的次数越多，积累的经验也就越多，见识也就越广。久经沙场后，自然就有了更多的随机应变的经验。

第二，要即兴训练。可以找身边的亲人、朋友等刻意对你刁难，通过刻意练习来提升自己的反应力。

8. 承受力

直播在某种程度上讲，也是公众人物。可能经常会面对观众的恶意和负面评价，如果内心过于脆弱，难以承受负面评价，那么就无法安心直播。想要长久地将直播事业做下去，就要提升自我承受力。首先，要控制好自己的情绪，无论别人说什么，都要学会调节心情。其次，对于别人的恶语相向，不放在心上，练就一颗强大的心脏。

9. 学习力

活到老，学到老。作为一名主播，要不断提升自我，才能让自我价值不断提升，才能不断提高自我市场竞争力，否则很快就会被时代淘汰。主播提升自己的学习力，首先要明确自己的主观目标，然后根据目标培养自己的学习兴趣，最后在计划时间内，循序渐进地学习自己直播相关领域的知识。经过一个循环过程后，你就会惊奇地发现，你积累了很多知识，学习能力也得到了很大的提升。

主播需要培养以上基本能力，不断打磨自己，提升自己，才能像宝石一样散发出光芒。

第十章 养成计划：从新手到头部主播的华丽蜕变 |

提升主播镜头表现力

主播在直播的时候，需要面对镜头展现自己的才华与能力。但很多新手主播不知道该如何面对镜头，不知道如何去表现自我。

主播在镜头前表现的能力，就是镜头表现力。镜头表现力强的主播更容易吸引粉丝目光，让粉丝产生好感和信任感。镜头表现力甚至对带货效果有着至关重要的作用。

那么主播该如何提升自己的镜头表现力呢？可以从以下七方面着手：

1.形象

作为主播，形象气质也是彰显直播镜头表现力的重要元素。主播可以没有出众的外表，但不能不注意个人形象。尤其是带货主播更要注重塑造个人形象气质，主播的形象直接代表了品牌商家的形象。

俗话说"相由心生"，主播外在形象和内在美要相互呼应，才能展现出良好的镜头表现力。邋遢的外表总会给人一种不可靠、懒散的感觉；妆容精致、服饰得体的人会给人一种气质好、优雅大方的感觉。

良好形象的塑造包括：妆容、发型、着装三个部分。

（1）妆容

主播化妆是为了使自己在镜头前展现出最美的样子。在化妆时，要根据自己的气质选择适合自己的妆容，以凸显自己的气色和气质为主，妆容得体大方即可。当然，还要拒绝无效化妆、过度化妆，切忌将自己的整张脸变成

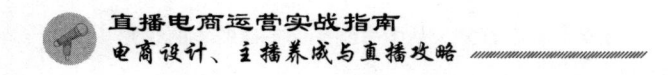

"调色盘"。

（2）发型

发型有的时候会影响人的颜值。主播发型设计得好，可以提升自己的气质。在做发型设计时，要以修饰脸型、彰显气场为主。

（3）着装

主播的着装，首先应该遵守直播平台规则，不能哗众取宠、衣着暴露；其次，要尽量选择浅色系衣服，避免深色服饰。因为人们主要通过手机观看直播，手机屏幕较小，过于深沉的颜色会给人沉闷、压迫的感觉，尤其是打光不好的时候会使主播气质也随之下滑，还会给观众一种压迫感。而浅色容易抬气色、显得有活力且醒目，使主播上镜更好看。

2. 语言

做直播，最重要的就是用语言与观众互动和交流。语言也是影响主播镜头表现力的重要因素。在做直播的时候，语言上要注意：

（1）幽默风趣

主播使用幽默、风趣的言辞与观众交流，能够调动直播间现场氛围。

（2）抑扬顿挫

主播使用抑扬顿挫的语音语调说话，会让声音富有韵律和节奏，使听众感觉主播充满活力。

（3）富有激情

主播使用一些慷慨激昂、富有情感的语言和观众交流，往往能增强讲话时的气场和气势，拨动观众的心弦。

能做到这三点，主播在直播的时候就会更具吸引力，也能更好地提升镜头表现力。

3. 声音

说话时，语音语调中的音调、速度、语气等变化，也是传达情感、态度和情绪的方式之一。有感染力的声音，是主播吸引观众、引起观众共鸣的重要方式，也是让主播获得强镜头表现力的重要方法。

4. 行动

主播的镜头感不仅源于语言的幽默风趣，还源于主播的肢体语言，或者说行动。主播的一个简单的手势、一个不经意的动作，都能很好地呈现主播想要传达的信息。因此，主播要平时多训练自己的站姿、坐姿、手势等，让自己的每一个肢体语言都能与观众进行情感交流。

5. 表情

很多主播在镜头前的表现得不好，是因为没有镜头意识，不注重表情管理。每一场直播都是一次表演，但表演的时候主播都要展示真实感，通过表情的细微变化可以看出一个人的内心。所以，主播要提升表情管理能力，平常多照镜子训练表情，调整表情和直播录像角度，以最好的状态呈现在直播镜头中。

6. 出镜比例

出镜比例是很多人会忽视的一点。最佳的镜头观看效果就是头顶留 1/4 的空间，且主播距离背景墙有一定的距离，这样的镜头才会有景深感，才会使主播的镜头表现力更强。

7. 目光交流

有的新手主播出镜次数少，没什么经验，会在直播的时候内心慌张。他们为了掩饰自己的内心，会选择不直视镜头，或者低头自说自话，或者眼神飘忽不定，这样的主播，镜头表现力极差。

主播镜头表现力，与主播和粉丝目光交流频次有很大关系。主播要学会将摄像头当作观众，说话的时候直视摄像头，则主播的镜头表现力更佳。

总之，对于刚入行的新手主播，要掌握形象、语言、声音、行动、表情、出镜比例、目光交流这七个基本功，这对于提升主播镜头表现力大有裨益。

主播个人IP定位与孵化

当前，很多品牌都会将自己拟人化，为树立独有的风格标签，让更多的人记住自己。主播也可以借助这种个人IP定位与孵化的方式打造个人品牌。

那么什么是IP？它是Intellectual Property的缩写，即"知识产权"。在影视IP中，IP意味着具有大量粉丝基础的网络文学、原创文学或者游戏版权；在明星IP中，IP代表着明星具有的能够引起粉丝效应的、某一特定的爱好、习惯、风格等，品牌IP则代表着品牌的一个形象、一个故事、一种流行文化等。

主播是个人IP化的特殊体。主播打造个人IP，就是给自己打造人设，给粉丝一个明确的印象和标签，让粉丝对你产生信任，带来成交。

那么主播该如何给自己做个人IP定位呢？

1. 角色定位

做主播，重要的就是做好角色定位。好的角色定位，可以让主播的IP形象更加有力量。主播都会将一种或集中人设绑在一起，给自己的角色定位，如娱乐"恶搞"者、主题分享者、文化传播者等。然后根据自己的角色打造相应的话题，吸引用户的关注。有了角色的加持，主播可以最大限度地发挥自己的特色，在观众心中建立自己的形象。

那么新手主播该如何进行角色塑造呢？

（1）分析自我，选择适合的角色

角色定位，就好比导演选角，首先要分析演员的性格，然后为其匹配适合的角色。只有先明确自己与众不同的特点，才能找到更适合自己的角色定位。

（2）确保外在因素与角色契合

主播角色的打造通常需要服饰、妆容去支撑。主播在塑造角色时，要借助服装和妆容。只有自我特点与外在因素相互协调，才能展现出"1+1＞2"的角色塑造效果。

（3）注重以内在因素塑造人物角色

内在因素，包括行为动作、语气语调、眼神，运用内在因素可以很好地塑造人物角色。比如行为动作潇洒，语气语调抑扬顿挫、张弛有度等，都是人物角色塑造的理想方式。

以上三个步骤从里到外很好地塑造了主播角色。

2. 个人风格定位

一个人的形象能马上被人记住，风格能让人长久在意。主播做个人IP定位，还需要根据自己的性格、兴趣爱好打造属于自己的识别度高的个人风格。

新手主播在给自己进行个人IP定位的时候，如果不知道自己的风格，可以将自己的性格和爱好罗列出来，然后从中找到属于自己的风格定位。比如幽默、可爱、犀利、知性等，然后从中进行筛选。

有了个人风格定位，一批与你"对路子"的观众才愿意成为你的粉丝，并长久地支持你。

3. 内容定位

个人 IP 定位，不仅需要从形象和风格定位去塑造，也需要从内容定位入手。

内容定位就是主播在某个垂直领域向观众输出专业性价值内容。对于主播来讲，内容定位往往能使自己树立在某个领域专家或意见领袖的形象，从而让观众、粉丝因为主播专业的内容输出而产生信任。

比如，你为了将自己塑造成一个护肤领域的专家，就会向观众持续输出有关护肤的知识，而且观众在尝试你的护肤技巧后的确获得很好的效果，就自然而然会对你信赖有加，也愿意购买你推荐的护肤产品。

在完成个人 IP 定位后，接下来就需要新手主播着手去孵化个人 IP。在具体孵化的过程中，要注意个人 IP 差异化的塑造。

无论在角色定位、个人风格定位还是内容定位上，都要注重体现差异化特点。所谓差异化，就是要避开那些有影响力的主播，不要与他们形成直接竞争，而是深挖自身特点，选取市场中的空白点和薄弱环节，挖掘尚未被满足或者隐藏的潜在需求，开辟属于自己的新赛道。

没有差异就不会有新意，没有新意就不会有吸引力。差异化个人 IP 才是新手主播实现突围的利器，才是主播长期吸粉的关键。

新手主播五大成长阶段

新手主播从入行到成熟，不是一朝一夕的事情，需要一个成长的过程，在成长中实现蜕变和逆袭。

以下是新手主播蜕变的五大成长阶段：

第一阶段：认知阶段

新手初入直播行业时，对于整个行业和平台规则并不熟悉。因此，首先要做的就是全面认识直播行业，了解平台规则，明确主播注意事项，避免在直播中出现违规行为。

第二阶段：学习阶段

在对直播行业和主播职业有全面了解后，接下来就正式进入学习阶段。要学习如何包装账号、布置场景、撰写脚本、掌握话术技巧、提升镜头表现力、塑造个人IP等。当然，新手主播还要多去一些优质主播的直播间观摩和学习。

第三阶段：粉丝积累阶段

一切准备工作完毕，接下来就正式开始做直播，进入粉丝积累阶段。这就好比开疆拓土，所有打下的"江山"都是由一个个粉丝关注积累而成的，任何一个粉丝都有可能成为你流量变现的关键。

第四阶段：反思调整阶段

万事开头难，最开始的时候，引流、吸粉效果差很正常。不要因为刚开始进入直播间观众寥寥无几就自暴自弃，成功经验和失败总结都是在经历无数次实战后获得的。关键是要善于不断反思和调整，多问自己几个"为什么"，如"为什么关注的粉丝数量少""为什么直播间难留人""为什么互动的人少"等，要坚持自己的优点，改进自己的不足。

第五阶段：成型阶段

在经历了反复失败、总结、改进后，最终才能真正从一个新手小白实现成长蜕变。此时，你的各项能力得到了提升，在做直播的过程中，面对各种突发情况也能从容应对，已经有了一个成熟主播该有的样子。

即便自己经过一个成长过程得到了全方位的提升，但市场竞争激烈，停滞不前就很容易被淘汰。主播需要一直保持不断提升自我的良好习惯。前面的路还很长，成功一定是留给那些好好准备和不懈努力的人。

第三篇
主播直播：带货主播能力提升攻略

第十一章　主播来源：多渠道快速挖掘带货主播

电商直播平台众多，平台上主播多如牛毛。对于品牌来讲，与主播合作是最直接且迅速的卖货方式。找到优质主播进行带货则是通过直播卖货的第一步。主播来源具有多样化特点，品牌应多渠道快速挖掘优质带货主播，只有适合自己的才是最好的。

素人带货实力不容小觑

在抖音和快手平台上，有很多素人主播，他们是失业者、宝妈、刚毕业的大学生、创业者……他们没有背景、没有资源，从新手开始，他们在激烈的主播角逐中，最终成长为小有名气的主播，一切成绩都是凭借自己的努力获得的。

凭借努力换来的成功，让他们倍感珍惜，他们会加倍努力抓住一切发展机会实现自我价值。

直播平台上大多数主播都是素人主播。但素人主播给行业带来的增量、给商家带来的带货效果，都是非常可观的。这主要是因为：

1. 素人主播立足于大众

素人主播来自普通人群，其人设通常就是其生活中本身的角色。这样的人设，让观众的代入感更强，观众看到了主播，就好像看到了他们自己生活中的样子。因此，素人主播与消费者的距离更近。在助农直播、公益直播中，能够吸引更多的观众，还能实现很好的流量转化，为商家带来较高的销量。

2. 素人主播带货"质"有保障

相比那些明星、名人主播，素人主播没有太大的名气，在粉丝规模上也相对逊色，在直播带货方面无法实现拼"量"，但他们在"质"的方面非常有保证。明星、名人主播带货，很大程度上是在靠自己的名气来带货，而素人主播则完全靠自己在观众心中的好感度和信任度，帮助商家和自己变现。在好口碑的支撑下，素人主播会在观众、粉丝主动分享的过程中实现流量裂变和提升销量。

如果主播本身是一位农民，做助农直播，为农产品带货，代入感更强，更容易让观众对主播和产品产生信任；再如，主播本身就是一位新手妈妈，她在育儿过程中不断学习和掌握了育儿经验和技巧。她如果为一些母婴产品带货，则更受新手妈妈们的青睐。我们永远不要小觑素人主播的带货实力。

网红主播为品牌进行流量迁移

相比素人主播，网红主播粉丝较多，影响力较大，很多品牌会找到网红主播合作带货。这是因为网红主播带货有以下优势：

1. 具有超强及时性和互动性

网红主播之所以能爆红，就是因为他们在直播的时候有自己独特的"打法"。在直播间能与观众即时互动，还能洞悉消费者心理，更好地得到消费者的认同，并能引导他们快速下单。

2. 良好的直播话题策划能力

网红主播能够火爆，还得益于其强大的话题策划能力。他们总是能找到与产品相关的话题，一步步引导人们对话题产生兴趣，为品牌和产品赚取更多的曝光度和热度，并能促使消费者积极下单。

3. 网红主播粉丝忠诚度高

网红主播的粉丝具有较高的忠诚度，粉丝对主播的忠诚度很容易迁移到品牌、产品上。从长远来看，网红主播带货，能为品牌和产品带来更加长效的收益。

但做直播是对每位主播的综合考验，如果没有较高的素养，难以体现自身的综合素质，也容易"翻车"，也不可能永远都红。唯有不断提升自我学识、素养等综合水平，进行有针对性的布局和操作，才是每位网红主播最理智的选择。

KOL直播带货专业性更强

在直播领域，有这样一类主播，他们在某一领域掌握了丰富的知识，拥有更多、更准确的产品信息，极具专业性和话语权，对该领域产品的目标消费群体有较强的影响力。他们说出的相关产品见解，能获得人们的信任。这

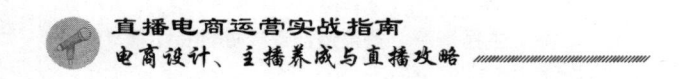

类主播就是KOL（关键意见领袖）。一件产品，有了KOL做背书，就可以达到快速"种草"、拓客的目的。

近年来，品牌越来越重视KOL在各平台的布局。品牌会选择那些专业性强，且与自身品牌价值观、品牌形象相契合，以及符合品牌所售卖的品类要求的KOL为自己带货。基于KOL的人设，通常能起到比传统广告更好的宣传效果。可以说，KOL在一定程度上能建立和完善品牌在消费者心中的形象，并影响消费者的购买决策。

具体来讲，KOL带货的优势在于：

1. 粉丝群体效应

KOL有较强的影响力，因此拥有较大规模的粉丝做后盾。在直播带货的时候，KOL可以激发粉丝的购买欲望。

2. 粉丝转化率高

KOL的粉丝忠诚度较高，在直播带货的时候，通过与粉丝互动，KOL让粉丝参与其中，了解品牌和产品，再结合自身带货能力与对粉丝心理的洞察，为粉丝"种草"更适合他们的产品，最终为品牌带来更高的产品销量。

3. 亲测并分享产品使用体验

在粉丝眼中，他们所信赖的KOL对于产品质量的判断，更有发言权。因此，在直播带货的时候，KOL最大的优势就是能够摸清消费者心理，想消费者所想，亲测产品并分享使用体验。KOL这样的行为能很好地打动消费者，吸引消费者购买产品。

比如，在直播间为一款口红带货时，消费者关心口红是否颜色"正"、是否会拔干、是否粘杯等问题。KOL则站在消费者的立场上，亲测产品，并解答消费者疑问。KOL分享产品使用心得，能引起消费者使用的欲望，提高转化率。

KOL凭借自身在某一领域的专业知识，在用户心中形成了一个独一无二的形象，被用户所记住和信赖。这使得KOL在直播间能够为品牌带来强曝光效果，并形成强口播传播效应，更好地为新产品赋能。

借力明星效应，带动直播销量

随着直播风口的出现，主播成为一种新型职业，并展现出很好的发展前景，吸引了大批普通人、明星、名人加入主播行列。

相比于普通人，明星、名人做直播有更强的引流优势。纵观那些带货明星、名人，他们在直播领域爆红，其引流能力和变现能力惊人。这主要是因为：

1. 明星、名人自带流量光环

明星、名人在做直播前，就已经具有较强的影响力，受到很多粉丝的追捧。所以他们拥有强大的粉丝号召力，更容易受到用户的青睐和喜爱，更容易与用户打成一片。那些品牌方都喜欢请明星、名人为自己的产品带货和宣传，为产品和品牌扩大圈层影响力。

2. 平台流量倾斜

明星、名人不仅是大众的焦点，还是各大直播平台上的"香饽饽"。有明星、名人的流量加持，明星、名人的粉丝转化为平台流量，直播平台也能斩获更多的平台用户。所以，明星、名人做直播时，平台愿意给明星更多的流量倾斜，从而吸引更多人加入进来，使明星、名人带来更多流量转化的机会。这样，平台和明星、名人成为双方收益关系。这也是明星、名人做直播能够爆红的另一个原因。

如今有很多明星、名人进军直播行业，也有不少明星做直播带货，他们在为品牌方带来流量和销量方面起到"立竿见影"的效果。

以名人带货为例，樊登是知识付费平台上的领军人物，是"樊登读书会"的创始人，得到了众多网友的肯定。

官方数据显示，樊登的卖书直播首秀，仅用两个多小时，直播间在线观看人数累计超过200万人，图书累计销量超过13万册，累计销售码洋近1000万元。

显然，在直播卖货方面，明星、名人有明显优势。

品牌高层亲自带货，个人品牌为产品赋能

品牌直播带货通常是请专业的主播去做，但品牌高层亲自带货，借助个人品牌同样能为产品赋能，同样能产生极佳的带货效果，甚至能创造意想不到的带货奇迹。

什么是"个人品牌"？个人品牌就是你在别人心目中的印象，在别人一看到、听到、想到你，就知道你是做什么的，你有什么特点。因为你这个

人，别人会产生购买行为。这就是"个人品牌"。

简单来说，就好比是人们说到"董明珠"，就会想到格力空调；提到"雷军"，就会想到小米手机；说到"曹德旺"，就会想到玻璃大王、慈善家……这些品牌高层，本身就是品牌最好的代言人，他们为自家品牌带货，能很好地为产品赋能。

早在 2020 年 3 月 7 日，国美作为家电卖场大品牌，也在上海举办了一场直播带货活动。国美高管以及品牌高层领导们进入直播间亲自带货。仅 3 小时的时间，成功销售 813 件家电产品。

简言之，品牌高层们亲自带货，主要有以下几个优势：

1. 传递产品信息更加专业化

虽然 KOL 掌握了某一领域的专业化知识，在直播间为消费者介绍产品时，能很好地输出与产品相关的知识内容。但品牌高层对自家的产品、品牌故事更加了解，做直播带货，能向消费者传递更加专业化的产品信息。

2. 自带价格优势

品牌高层在决策方面具有话语权，优惠力度由高层说了算。直播带货的过程中，高层可以拿出更具性价比的产品作为福利吸引消费者，提升销售转化率。

3. 有效实现开源节流

品牌高层做直播带货，有效实现了开源节流。一方面，品牌高层亲自直播，减少了雇佣外部主播的花销。另一方面，这种方式绕过了经销商，品牌在直接前端销售产品，后端供应产品，实现真正的按需生产，有效减少库存。

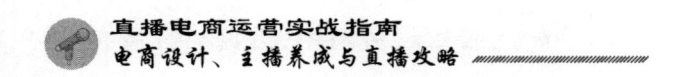

市场格局时刻在变，品牌高层直播带货会逐渐成为一种新常态，而这种带货方式也将成为品牌打造人设的一种全新途径。

MCN机构快捷对接带货主播资源

MCN 机构就是指有能力服务和管理一定规模账号内容创作的机构，账号内容形式不限于视频，也包括直播、图文等多种形式。有一些 MCN 主播机构会帮助签约主播寻找合作带货的品牌，帮助品牌与主播资源直接对接。

MCN 机构与主播之间，其实就是合作雇佣关系，即机构给主播联系品牌资源，主播将赚得的收益拿出一部分回报 MCN 机构。同时，MCN 机构为了减少主播流失率，还会在不同阶段对主播进行技能培训、考核晋升等。

总之，MCN 机构作为一个专业平台，能有效整合资源，实现主播与品牌的快速对接，无论对于机构自身、主播，还是品牌，都能实现快速变现，可谓一举三得。

官方通道寻找达人合作带货

有的直播平台会为品牌商和主播合作提供一个官方渠道，品牌商可以到平台上选择适合自己的主播合作。

例如，抖音开设了"精选联盟"板块，其中有一个"达人招商"专区，品牌商可以根据搜索、类目、粉丝数、内容类型等筛选自己想要的达人合作为自己带货。也可以根据达人画像数据，包括粉丝分析（如粉丝特质、分布情况）、直播详情（近30天直播数据，）等帮助品牌全方位分析达人的带货能力。

与此同时，达人还可以报名达人招商活动，发布明确的招商需求，有合作意向的品牌报名后，需要等待达人的审核。通过后才能正式建立合作关系。这种达人选择品牌合作的方式下，达人主动出击选择品牌，有效提升了达人的合作意愿。

总之，官方通道寻找达人合作带货，无论达人还是品牌，都有很强的自主选择权，相比于MCN机构的资源对接，达人主播有了自己做决定的权力。

第十二章　直播准备：工欲善其事，必先利其器

俗话说，工欲善其事，必先利其器。要想做好直播，主播就必须在开播前做好所有准备工作，包括明确目标、宣传预热、开播工具、场景布置、光线布置、高举准备、直播测试等。这些准备工作也是作为一名带货主播提升能力的必经之路。

明确目的：目标明确，才能付出有效努力

不同的直播带货场次，主题有所不同，目标也不同。主播在正式开直播前，没有明确目标，就会给人一种"串场子"的感觉。

在一场电商直播中，主播只有先明确目标，才能保证自己的努力产生良好的效果。做电商直播，主要目标通常有以下三种：

第一，带货，即帮助品牌提升产品销量。

第二，增粉，即帮助品牌做宣传，达到增粉引流的目的。

第三，品牌曝光，对于一些小众品牌来讲，要想提升知名度，就会与主播合作。这样主播直播的目的就是提升品牌曝光率和知名度。

明确目标后，我们才会有更加明确的努力方向。

平台选择：选好引流变现阵地

以直播形式做电商生意，改变了人们的购物模式，"云逛街"成为一种全新消费模式。当前，在直播电商领域，淘宝、抖音、快手形成三足鼎立的格局，成为最受青睐的直播带货平台。但不同的平台，在引流、变现等方面各有千秋。只有选好直播引流变现阵地，才能获得高效的直播推广效果。

1. 淘宝直播

淘宝本身就是以电商起家，平台上聚集了大规模用户。在直播兴起后，淘宝与直播接轨，寻求新商机。很多人不知道淘宝直播有什么优势，也不了解自己是否适合做淘宝直播。深入了解淘宝直播的优势、用户特征、适合人群，能够帮你作出判断。

（1）优势

淘宝直播的优势是：

第一，用户基数庞大。淘宝是电商领域的领军者，从创建之初至今，积累了庞大的用户规模，这是淘宝直播最引以为傲的优势。

第二，支持类目广泛。淘宝平台上可销售的产品类目十分广泛，包括穿搭、美妆、美食、汽车、珠宝、男士、旅行、鲜花萌宠、母婴、乐活、家居、潮电等。

（2）用户特征

淘宝直播用户年龄跨度较大、地域广泛，消费档次大多集中在中档消费层次，而且用户停留时间长、复购率高。

（3）适合人群

淘宝直播适合：

第一，有工厂的商家。有工厂的商家，无论是价格还是货品款式，相较同行都有绝对的优势。如果想要直产直销，就可以选择淘宝直播。

第二，有实体店的商家。如今是互联网时代，电商给线下实体店带来了巨大的冲击，在淘宝平台上做直播带货是实体店拓宽销售渠道的好选择。

第三，有淘宝店铺的商家。有淘宝店铺的商家在淘宝上做直播，有很好的用户基础，能够为商家带来更多的流量裂变和销量。

2. 抖音直播

"直播+电商"成为一种全新的带货玩法，抖音也是直播带货的平台之一。主播先利用抖音账号发布优质短视频内容，积累了大量的粉丝用户后，再通过直播带货实现变现。事实证明，抖音直播带货更具变现优势。抖音主播的优势、用户特征和适合人群如下：

（1）优势

抖音直播的优势是：

第一，成本低。抖音直播带货门槛低，只要开通带货权限，就可以在直播间添加购物车，开启直播带货之路。

第二，长尾效应明显。抖音达人本身拥有雄厚的粉丝基础，可以通过粉丝对达人的认可为品牌带来持续的流量和销量。

（2）用户特征

在抖音平台上，用户大多是追逐时尚、新潮的年轻用户，其中男女比例是4∶6，60%用户分布在一、二线城市，并且有向三、四线城市下沉的趋势。

（3）适合人群

做抖音直播带货的主播，可以是"草根"，也可以是网红、明星，只要有超强的带货能力、控场能力，都可以做抖音直播带货主播。

3. 快手直播

快手本身与抖音相同，从做短视频内容起家，并且平台以内容吸引流量。在快手平台上开辟直播板块，在一定的内容和粉丝的基础上，实现从短视频向直播的快速切换。所以，快手直播带货的引流变现也相对容易。快手直播的优势、用户群体和适合人群如下：

（1）优势

快手直播的主要优势体现在：基于信任关系的社区氛围。快手平台上的用户之间常以"老铁"相称，这种老铁关系体现的是一种非常强烈的、难以分开的、基于信任的用户关系。所以，在快手上做直播带货，天然自带"忠粉"，有利于高效变现。

（2）用户特征

快手平台同样是年轻用户居多，而且大多集中在三、四线城市，小规模向一、二线城市渗透。

（3）适合人群

快手平台上的主播，通常是快手账号运营者本人。无论是"草根"，还是素人、网红、KOL、明星，都可以成为快手直播带货主播。

主播一定要结合平台优势和特点，根据自身情况选择适合自己的直播平台。

人员配置：分工明确，各司其职

一场带货直播，看似只有主播在屏幕前工作，但其背后有很多默默无闻的工作者。直播带货需要整个团队协调合作，才能使直播带货效果最大化。所以，组建一个高效的直播团队，做好人员配置就显得十分重要。

一个直播带货团队至少需要以下人员：

1. 主播

主播是整个带货团队的"门面担当"，所有前端工作都由主播呈现。可以说，主播是连接消费者和品牌产品的核心角色。主播主要的职责就是：

第一，直播前，了解产品，熟悉直播脚本内容，明确直播带货目标。

第二，直播中，负责活跃直播间氛围、介绍产品、引导粉丝互动、引导粉丝下单购买。

第三，直播后，需要做好粉丝维护工作，以提升粉丝黏性，如在粉丝群中定期发放一些优惠券、小礼品、红包等形式的专项福利。

2. 助理

助理在直播间充当辅助主播的角色，主要的职责就是配合主播，带动直播间氛围，提示活动，引导关注，帮助促单。此外，还要时刻关注主播的直播内容，确保主播没有遗漏，让整个带货直播完美演绎。

3. 运营

直播运营的角色好比总导演，需要对直播的过程做统筹，包括直播间玩法、排品、脚本设计、团队协作、直播复盘等。从头到尾，运营什么都要会，什么都要懂，还要有团队管理经验和电商从业经验。

4. 场控

场控在直播间也是一个不可或缺的角色。场控就是对直播现场的控制。具体而言，场控的职责包括：

第一，为主播提供音效，并协助主播把控直播间氛围等。

第二，在直播间，如果出现有人乱打广告、挖人、带节奏等情况，场控会执行自己的权力，将这些人"踢"出直播间，有效维持直播间秩序。

第三，除了负责对"人"在直播场上的控制，还负责软硬件设备，如灯光、摄像头、背景音乐、音频调试，以及商品上架、修改价格、录制商品讲解、传达活动通知、发放直播福利等，配合主播工作。

一个简单的直播带货团队，以上人员是最基础的配置。只要各成员分工明确，各司其职，就能使整场带货直播做到条理有序、张弛有度，获得极佳的带货效率和效果。

开播工具：趁手"兵器"必不可少

做直播带货，有趁手的"兵器"做辅助，才能达到良好的直播效果。以下是直播带货要准备的必要设备。

1. 手机或电脑

做直播带货，如果你的手机性能好的话，可以直接用手机做直播。当然，还可以通过电脑进行直播。利用电脑直播，相比手机，画质和音质会更好。

2. 麦克风

直播的过程中，除了要保证画质的清晰，还要保证音质的清晰。使用高保真麦克风，能精准收声，减少环境中噪声的干扰。将电容麦克风与声卡搭配使用，会让主播的声音更具质感。主播也可以选用领夹式麦克风，其特点是小巧轻便、操作简单，还能获得不错的声音效果。

3. 场控用的监听耳机

为了确保主播声音效果最佳，我们需要给场控配置一副用于监听主播声音的耳机，无线耳机为最佳选择。

4. 补光灯

光，是直播呈现效果的关键。在直播的时候，光线差可能会影响主播气色。这时就需要一个补光灯进行补光。常用的补光灯有两种：一种是简易补光灯，可以直接放在主播面前的桌子上使用，其特点是便捷性强，可以随意挪动和调整；另一种是常规的常亮灯，通常带有柔光箱、雷达罩等，其特点是专业性强、补光范围大。

5. 手机支架

如果选择用手机做直播，那么手机支架是必备的辅助设备。手机支架可以有效稳定直播画面，提高直播画面效果。

6. 提词器

如果主播需要带的产品较多，需要讲解的信息量较大，那么提词器就有了用武之地。提词器可以为主播提供信息提示，减少主播在直播环节出现卡壳、产品介绍错乱等情况。

7. 无线路由器

直播需要很强的通信网络做支撑，否则会出现直播画面卡顿，影响消费者的观看体验。相比数据流量，在直播的过程中使用 WiFi 更加稳定。

8. 手机充电器

直播通常要持续很久，手机耗电量很大，为了避免直播中断，最好配置一个与手机匹配的充电器，以备不时之需。

有了以上这份设备清单，准备齐全，直播就可以正常运行。

场景布置：好的场景让流量和销量翻番

直播带货主要是以演示商品功能为主，主播要想吸引更多的用户关注，只讲产品功能是不够的，还要植入场景。

好的场景能激发用户的购买热情。在直播带货的过程中，直播间场景布置会影响消费者观感，也会间接影响带货效果。利用提前在直播间布置好的产品使用场景与用户进行互动，更容易引导消费者做出购买决策。

正所谓"红花还得绿叶衬"，如果说产品是"红花"，那么场景就是"绿叶"。有了场景，才能让产品这个主体更好地凸显出来。

1. 直播场景类型

直播场景类型分为三大类：

（1）室内直播场景

常见的室内直播场景，如线下展厅、酒店卧室、家中、线下门店、工厂生产线、批发市场等。室内直播对场景的可控性较高，受到的外部干预较少。

（2）室外直播场景

常见的室外直播场景包括采摘园、农牧场等产地源头，室外直播场景的特点就是两个字"真实"。

（3）虚拟直播场景

搭建虚拟直播场景，现场只需要一块绿幕即可，后台利用直播系统上自带的抠图功能，按照自己的需求选择不同的虚拟直播背景，就可以搭建理想的虚拟直播场景。虚拟直播场景可以根据销售的产品，随意切换贴合的背景，使用户在观看的时候，不会只看到一个角度，可以灵活多样发生变化，让用户获得更好的感官体验。

在室内直播间销售羽绒服，为了让还原羽绒服的使用场景，后台可以选择下雪的背景，从而营造一种寒冷的氛围，展现羽绒服的保暖功效。

2. 直播场景布置技巧

如何做场景布置呢？

（1）与产品使用场景相匹配

打造体验场景的目的，就是让用户在主播的带领下，更好地感受产品的使用体验。打造与产品使用场景相匹配的直播场景，能够再现消费者的生活场景，给用户带来身临其境的感觉。

厨具直播带货专场，就需要打造厨房场景，在整个场景的烘托下，主播介绍和使用厨具，可以使产品带有"可以让你的生活变得更加舒适的家居好物"的标签。这样更能激起消费者拥有同款厨具、过上更加舒适生活的渴望。

（2）与产品调性相匹配

打造直播场景目的是向用户传达品牌信息。如果直播间缺乏场景，只有单一色调的背景墙，或者场景与品牌调性格格不入，不仅会让人看起来枯燥乏味，还会让人降低消费欲望。

什么是产品调性？就是产品各设计要素所体现出来的产品的感知形象。产品在设计的时候就融入了情感化因素，这就使产品有了调性。

如果直播间场景围绕生动刻画产品进行布置，那么就可以让受众更好地认识和理解品牌和产品，使用户对产品产生归属感，进而促进消费。

总之，场景是串联消费者、产品的工具，更是唤醒消费者某种心理状态或需求的手段。"场景"看似与"人心"没有直接的联系，但做好短视频场景定位，打造更加适合的场景来展示产品，却可以直攻用户内心。以情景为背景、以商品为道具，通过环境、氛围来营造一种能够让观众感受到的"情感共振"，就可以通过情景有效打动用户，激起其情感共鸣，进而促成购买行为。

灯光布置：小细节决定大成败

在直播间，光线运用的好坏，直接影响整体直播的视觉感受。光线过硬，则会使主播面部反光；光线较弱，会给人一种昏暗、凌乱感。做直播，要保证直播间环境明亮、光线协调柔和，给观众呈现出一种舒适的感觉。光线布置的小细节中蕴含大乾坤。

直播间根据灯源、光照角度以及亮度、色温的不同组合会产生不同的灯光效果。

1. 主光

主光就是直播间的主要光源，起到主要照明的作用。在布光的过程中，只有确定了主光，后面的辅助光、轮廓光灯才有意义。

摆放角度：主光应当放在主播正对面，与手机摄像头的光轴呈 0~15°。

布光效果：主光打到主播面部，能让主播的脸部和产品看起来比较柔和，可以起到很好地美颜效果。

2. 辅助光

辅助光，也就是对主光起辅助作用的光，能够改善直播间的层次。辅助光的光度不能强于主光。

摆放角度：辅助光通常摆放在主播侧面，与主光呈 90° 照射。

布光效果：辅助光可以增强主播和直播间的立体感、层次感和质感，使画面更加自然。

3. 轮廓光

轮廓光也称作逆光，放置于主播身后，用于勾勒出人物轮廓。在使用辅助光时要避免光线太暗或太强，不能干扰主光的正常效果。

摆放角度：轮廓光通常摆放在主播身后的位置，即主光的相对面。

布光效果：光线从背后照射，可以使主播从直播背景中分离出来，突出主体。

4. 顶光

顶光就是在主播头顶上的光，给背景和地面增加照明。

摆放角度：顶光通常摆放在主播头顶上方，距离主播不超过 2 米的位置。

布光效果：顶光能产生浓重的投影感，使主播的颧骨、下巴、鼻子等部位的阴影拉长，在视觉上达到瘦脸的效果。

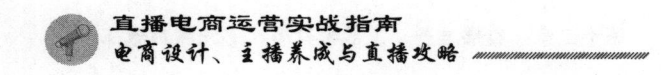

5. 背景光

背景光也称为"环境光",主要是为了给背景照明。需要注意的是,背景光要尽可能简单,切忌喧宾夺主。

摆放角度:背景光通常贴着背景墙布置,应当采用低光亮、多光源的布局方法。

布光效果:使用背景光可以使室内光线效果更均匀。

直播间的灯具除了具有装饰效果,还能使整个直播间的光线达到明暗度适中、层次丰富的最佳效果。

脚本准备:推进直播高效、有序进行

主播在直播时,就像拍电视剧一样,需要脚本。脚本可以帮助主播更好地把控直播节奏,规范直播流程,减少突发状况,从而让直播达到预期效果,帮助品牌获得最大收益。

1. 带货直播脚本类型

带货直播脚本分为:

(1)整场直播脚本

整场直播脚本,就是以整场直播为单位,为规范直播内容和节奏流程而打造。整场直播脚本的框架应当包括:直播主题、日期、时间、目标以及各岗位人员具体分工内容,如主播在直播前、中、后期该做什么,主播该用什么互动话术、留任话术、促单话术,以及需要配合什么样的福利,比如,直播间点赞数每增长 3 万,就会发放福袋等。

(2) 单品直播脚本

单品直播脚本就是针对具体某件产品的直播脚本。单品直播脚本内容需要包括产品品牌介绍、产品卖点介绍、促销活动、优惠券发放、直播中的各种话术等。

2. 撰写带货直播脚本技巧

那么如何写带货直播脚本呢？

(1) 明确直播主题

写直播脚本前，先要搞清楚做本场直播的主题是什么？是宣传品牌还是带货促销？

明确直播主题，就是要让用户明白在直播间能看到什么？收获什么？

(2) 具体到每个细节

一份合格的直播脚本都是具体到分钟和每个细节操作，要全面调度直播间每位团队成员的分工操作。

比如，晚上 8:00 开播，8:00~8:10 主播进行直播间预热，与新进直播间的观众用开场话术打招呼。场控播放节奏明快的背景音乐，使整个直播间氛围快速提升。

(3) 把控直播节奏

一场直播做得好坏，还看节奏把控得是否恰到好处。一份合格的直播脚本，能在计划的时间里，将整场带货直播流程走完。同时，还能把每件单品从介绍到促单的时间规划在可控时间范围之内，而不是拖泥带水，缓慢推进，以至于草草介绍后面的单品，迅速上小黄车，节奏混乱，前面给人浪费时间的感觉，后面给人紧张感、强压迫感。

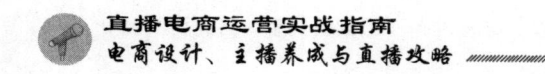

做直播，要精心准备每场直播脚本。在写完直播脚本后，还需要不断进行优化，确保整场直播有条不紊、所有成员忙中有序，直播间气氛活跃，从而打造一场高人气、高转化率的带货直播。

直播测试：确保直播尽可能完善

拍短视频，有失误的地方可以剪掉，然后重拍。直播不像短视频一样，出错还有补救的机会。所以，做直播要尽可能做到万无一失，否则就会给观众带来极差的观感，进而影响引流和变现效果。

为此，在直播之前，要做好播前测试工作。主要包括：

1. 人员情况

在开播前，一定要确定直播相关人员是否已就位。如果有人没有到位，会影响直播流程的推进。

2. 设备情况

直播需要协调使用各种设备才能正常进行，如果有的设备无法正常使用，会影响直播所呈现的最佳状态。设备情况包括手机或电脑直播软件是否可以正常使用；灯光的位置、亮度、方向等是否合适；麦克风能否正常传输声音；网络连接完好，确保不会影响直播使用等。

3. 场景布置情况

直播场景的重要性不言而喻。在直播前，需要对直播场景的布置情况进行检查，确保没有纰漏。如果是虚拟直播场景，要检测画面切换的流畅性。

4. 账号登录情况

在开播前，还需要登录直播账号，以确保账号可以正常运行。

5. 突发状况预案

虽然在开播前就做了充足的准备，也做了各项检查和检测，但在直播的过程中难免会出现突发状况。所以，还要针对各种可能出现的状况做相应的预案，为直播的顺利进行保驾护航。

总之，成功总是留给那些提前做好准备的人，不要等到直播过程中糟糕的事情发生了再想办法去应对。将一切可能出现不好的情况"扼杀在摇篮里"，你就会离成功更进一步。

第十三章　能力进阶：天花板级带货主播能力进阶指南

近几年，直播行业快速发展，直播带货也成了热门行业。想要做好带货主播，就需要不断让自己精进。这里有一份从新手主播到天花板级带货主播能力进阶指南，教你如何快速成长为优秀带货主播。

产品展现：让消费者更好地了解产品

做直播带货，首先要让消费者认识和了解产品，只有对产品感兴趣了，才会激起消费者的购买欲望。这就需要主播有很好的产品展现能力。

那么主播该如何在直播的过程中展现产品呢？

1. 化繁为简

一件产品有很多功能、功效、工艺等方面的特点，有的主播认为，将产品更多的信息展现给消费者，就能让消费者对产品有更多的了解，事实上却不然。因为如果将其一一介绍，需要增加直播的时间成本。而且大同小异的产品介绍会让消费者感觉索然无味，失去了解的兴趣，甚至会直接离开直播间。

其实，主播做产品展示，无论产品有多少功能、功效、工艺，只要能抓住重点，就可以达到很好的展现效果。

先向消费者阐述品牌的历史故事、品牌的产品类型；然后从价格、外观、功能、工艺等方面做关键性卖点提炼，并将这些卖点通过视觉、听觉等方式呈现给消费者，让消费者很好地感知到。经过这两步操作，消费者就对产品特点有了精准了解，对产品有了基础性的感知，也知道你在卖什么。

2. 化抽象为具象

有的时候，产品的卖点说起来会很抽象，让消费者感觉很"虚、不真实"，也没有什么说服力。所以，主播展现产品时，还要学会借助工具做现场实验，或者用生活中的某些场景做类比，让消费者对产品卖点形成更多的认知，达到有效提升销售转化率的目的。

比如，很多服装类的带货主播，介绍产品采用的某种特殊面料，不脱丝、不变形、不起球，这时他们会拿出一个钢丝刷，在观众面前现场对衣服卖力摩擦，发出"沙沙"的摩擦声。再通过直播镜头，近距离展示被钢丝刷摩擦过的地方，证明服装特殊面料特点的真实性。消费者亲眼看到和听到整个实验过程，也近距离见证了实验结果，必定对主播产品展示的真实性深信不疑。

所以，描述产品卖点绝不是简单地堆砌形容词和创新概念词，而是从视觉、听觉等各方面去营造一种氛围，让产品展示更加生动、更具代入感。

3. 巧借对比强化

消费者喜欢货比三家，那么主播就巧用对比的方法来强化产品卖点。可以直接拿出同类竞品作为参照物，然后与带货产品进行优势对比，如价格对比、工艺对比、功能对比等，让消费者直观感到直播间的产品的确物有所值，甚至物超所值。在经过一番对比后，消费者会做出购买决策。

总之，主播要掌握好产品展现技巧，让消费者更好地了解产品，增加对品牌和产品的信任度和好感度，这样有助于有效提升下单转化率。

洞察用户：了解消费者心理

如今，消费者获取信息的速度越来越快，渠道越来越多，消费者的观念在变，审美在变，消费力在变，想要快速抓住消费者的注意力，就需要洞察消费者，了解消费者需求。因为，无论什么在变，消费者心理都是带货主播应充分了解的，这才是一个优质主播最高明的营销手段。

换句话说，要想让消费者购买，首先就要洞察人的心理属性，或者说要了解消费者的心理。

那么消费者有哪些心理呢？

1. 求实心理

消费者存在一种求实心理。人们在电商平台购买产品，往往担心图片与实物不符。尤其是服装、美妆等产品，往往在页面看到的很容易与实物产生偏差。

直播带货比传统电商卖货方式在展示商品的真实性方面更具优势，消费者可以在直播间看到商品外观、功能展示等。直播间的一个最大的特点就是能够真实展示产品，增强用户的信任感。所以很多人喜欢在直播间购物，希望所见即所得。

主播要抓住消费者的这种心理，也要充分利用直播间的这一优势，要多角度、全面展示商品，想办法借助各种工具提升商品的价值。

比如，直播间售卖一款大码女装半裙，如果仅展示产品细节，难以凸显衣服在视觉上的显瘦效果。主播可以与其他上衣搭配，一方面可以通过组合搭配，让半裙的显瘦价值有效提升；另一方面可以瞬间提升半裙的档次。

消费者相信"眼见为实"，你滔滔不绝地赞美衣服有多显瘦，不如你直接把衣服穿上，让消费者对衣服显瘦效果深信不疑。

2. 求廉心理

对于消费者而言，购买商品时，价格是影响他们做出购买决策的重要因素之一，他们希望购买到既实用又实惠的商品。主播要利消费者的这一心理，让消费者有一种"薅羊毛"的感觉。

那么主播该如何利用好消费者的求廉心理呢？

（1）设置福利产品

在直播间人多的时候，要拿出一款福利产品。而且这款福利产品：

第一，要人人都能用得着，这样的福利产品才能吸引更多的消费者参与进来。

第二，福利产品数量也不易过多，只要让消费者觉得物超所值即可。

（2）设置多门槛福利产品

如果只拿出一款福利产品，那么只能调动一次直播间观众的热情，难以让观众留存率更高一些。所以，为了让直播间保持长热的氛围以及高留存率，就要设置多门槛福利产品。具体如何操作呢？就是要将一个大奖分为几个小奖，让观众通过抽奖的方式进行兑换。比如兑换规则设置为连续抽中两次，就有大奖兑换资格，领取大奖。

这样的方式，对于消费者来讲，只要参与即可，不需要花一分钱，就有把福利产品拿回家的机会。对于主播来讲，只需要拿出一份福利产品，就能有效增加直播间人气。

3. 从众心理

消费者是有从众心理的。从众心理，就是当一个人进入一个群体后，群体做什么，个体就会跟随做什么。从众心理驱使下，人们很容易盲目跟风、人云亦云。

主播可以利用消费者的这种从众心理，吸引更多的人购买产品。

比如，主播可以在直播间"造势"：先用"今天这件商品限时优惠，名额有限"吸引消费者购买，再用"还剩最后三件，只剩一件"来驱动消费者的从众心理，使那些原本只是抱着进来看看想法的人，看到直播间几千、几万单售出，就会觉得商品肯定很值，否则也不会有那么多人抢着购买，如果不买就亏了，最终他们会控制不住也购买这款产品。此时，主播的目的也就达到了。

当主播能够带着洞察用户心理的思维去研究直播时，在提升直播间流量和销量的过程中，就能更加如鱼得水。

卖货变现：快速晋升为带货达人

在直播带货成为电商标配的时代，主播这个职业越来越被认可，但与此同时市场竞争力也在不断加大，从新手主播快速晋升为带货达人，成为直播领域的大咖，能在直播行业获得更好的发展。

那么如何才能快速晋升为带货达人呢？

1. 学会熟悉产品

做直播带货，首先要求主播对每一件产品都非常了解，以便在介绍产品的时候有的放矢。其实，熟悉产品，有一套快速记忆法，可以帮助主播记住产品卖点。

这个快速记忆法包含五个因素，分别是：

（1）这是件什么产品

详细来讲，就是要知道这件产品的基础信息，如构成件数、材质、功效、包装等。

（2）与同类产品相比有什么优势

挖掘产品的优势，可以在直播的时候做优势比较，这样产品才更有吸引力，才能让消费者对产品产生更大的兴趣。

（3）哪些人有需要

要明白产品谁可以用，使用人群是哪些，是年轻人还是老年人，是男士还是女士等。同时，还要知道这个产品的禁忌有哪些，比如孕妇是否可用等。这些在直播的时候都要跟观众讲明白。

（4）价格多少

在明确产品相关属性后，还需要了解产品的价格。

（5）可以优惠多少

带货的时候，除了告知消费者产品价格，还要强调优惠力度，这样才能激发他们的购买欲望。另外，与其让消费者在直播间砍价，不如由主播直接扮演一个帮助消费者砍价的角色，站在消费者的立场上与品牌方砍价。所以，还需要了解产品可以优惠的最大程度，既能吸引消费者，又能为品牌赚取更多的收益。

2. 学会为消费者带来好处

成为带货达人并不是靠运气，而是能站在消费者立场，为消费者带来实实在在的好处。

绝大多数消费者更喜欢花小钱办大事。那些知名大品牌虽然喜欢者众，但考虑到消费能力，很多人望而却步。如果主播能在带货前自己先体验产品，感受产品效果，或者认真细抠出产品与同类大牌产品的成分、配比，甚至很多相关的实验报告和结论，然后在直播间拿大品牌产品与带货产品进行现场试用对比，拿出相关产品信息展示给消费者，让消费者清晰地看到二者的异同，并告知其这款产品是某大牌产品的平价替代好货，能以较低的价格买到和大牌产品功效相似的产品，消费者自然非常乐于购买。

比如，我们可以拿出与带货产品相同色号的大牌口红，在直播间现场分别拿带货产品和大牌口红进行试色，通过两者的对比，为消费者"种草"，让消费者看到直播间售卖的产品与大牌口红的颜色的确相同。消费者当然想要对自己购买的产品有一个更全面和专业的认知，还能省事省心又省钱地买到

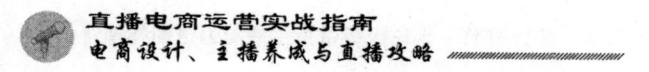

平替好物，最终下单付款。

3. 保持高频更新

直播带货是一件需要坚持的事情，保持高频更新，带货变现效果才能明显。这样的高频直播，可以很好地培养粉丝的观看习惯，让粉丝觉得每天观看直播是一件必须要做的事情，如果一天不看，就会觉得少点什么。显然，粉丝有这样的感觉，就说明粉丝已经对主播形成了忠诚度。这样，对于主播带货转化率来讲，也是大有裨益的。

并不是主播在直播间卖力吆喝就能带来更多的销量，让自己快速成长为一名能力超强的带货达人，还需要大量地磨细节、策略等。成功从来不是偶然，长期的学习、摸索、积累都是必要的。

产品投放：全域触达引爆销量

如今，直播带货行业风头正盛，无论素人、明星，还是品牌纷纷加入直播带货行列。直播电商最大的好处就是品牌不用进行广告投放，也不用在线下租借货架，品牌只要找好的主播在直播间做宣传和带货，就可以实现"广告＋货架"的双重收获。对于主播来讲，要想帮助品牌实现"名利双收"，还需要学会做到"全域触达"。

这里的"全域触达"包括以下两方面：

1. 借景打造完整购买链路

消费者选购产品时，会在多个不同的场景下，拼凑出一个完整的购买链路。他们决定购买某件产品，并不完全因为主播的推荐，更多的是因为他们已经在自媒体平台、电商节（如"双十一""双十二"等）等场景中被"种了草"。真正的红人主播，能够更好地抓住这样的"景"，顺势而为，向消费者展示产品在某个"景"中惊人的产品销量，最终促成消费者产生购买行为。

2. 借预告有节奏推广

大多数主播会按照直播脚本中提前做好的排品顺序按部就班地介绍和销售产品。消费者往往不知道整场直播中销售的产品是不是自己需要的、感兴趣的，有的观众围观了很久却没有发现有自己需要的、感兴趣的产品，可能就直接退出了直播间。

怎么解决这个问题呢？方法就是借预告有节奏地推广。预告的方式有两种：

（1）预告产品

主播可以在直播开始后，先与观众寒暄问候热场，再直接预告本场直播要带什么产品，可以用图文、视频的形式，也可以直接用口头方式对产品做大致展示和介绍，为消费者做一个心理铺垫。

（2）预告福利

主播还可以通过预告福利的方式来吸引观众，并提升观众在直播间停留时间。预告福利，就是预告直播过程中销售产品的折扣，或者要送给消费者数量有限的赠品等。福利越多，对消费者的吸引力越大，能够促使消费者在直播间"蹲"的时间越长。

在直播带货已经发展为电商运营标配的今天，主播要用发展的眼光去看待整个行业，不断精进自身的带货技巧，在为商家谋取更大增长红利的同时，更重要的是自己能够在直播带货领域中长红。

合作洽谈：协助品牌走得更高更远

一个真正成功的顶级主播，在与直播带货相关的所有事情上都是"全能手"：能上得了直播，带得了货，也能在幕后与品牌方洽谈，做得了商务洽谈高手。

那么主播该如何与品牌方展开商务合作洽谈呢？

1. 合作细节洽谈

在与品牌方进行合作洽谈时，首先要谈相关合作细节，包括：

（1）直播形式

直播形式有两种，分别是：

①混播

混播，就是一场直播中，主播要带很多不同品牌的产品。主播会根据不同带货时长给品牌方不一样的报价。

②专场

专场，就是一场直播中，主播只带同一个品牌的产品。在直播间为一个品牌带货的产品数量没有限制，一般专场带货时间越长，主播从品牌方赚得的费用越高。

很多商家会选择混播，他们希望选择多个主播并横向对比，然后选择业绩最好的主播长期合作。

（2）费用结算方式

通常，主播的佣金构成方式是：20%~30% 销售提成 + 坑位费。

销售提成，即主播只要销售出去商品，品牌方就要根据销售额计算提成。

坑位费，即不论主播有没有卖出产品，品牌方都要支付的固定费用。

2. 合作洽谈技巧

主播与品牌方进行商务合作洽谈，要讲究方式方法，才能让洽谈愉快进行，也能保证自身利益最大化，保证与品牌方的长久合作关系。高情商谈判技巧可以助你一臂之力。

（1）学会利益置换

主播与品牌方是利益合作关系，在谈判的时候千万不要一味压制对方，而是巧用策略，四两拨千斤，如"让小利，保大利"策略。

在遇到一些无关紧要的小利益时，要想办法模糊对方关注的焦点，从而保护自我更大的核心利益，有助于达成共赢局面。

如何让小利呢？一是在直播的黄金时间段专为品牌方带货；二是在主播的私域流量池，如社群中，对品牌方做专门的预售宣传，加大品牌的曝光力度。

（2）学会"打一巴掌给个甜枣"

在谈判进入胶着阶段，双方僵持不下时，主播不妨找准对方的痛点，换句话说，就是找到品牌的不足之处，给其带来强压迫感，然后顺势给其一个有效的解决方案，推动谈判进程更进一步。

比如，主播在与一些小众品牌谈判时，对于产品售价问题没有谈拢。此时，可以指出这个小众品牌没有爆款产品，在同类品牌市场中找不到自己定

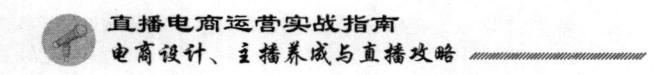

位的痛点，然后为这个小众品牌提出解决方案。品牌方会因为你的解决方案而让步。

（3）永葆真诚

人与人之间的合作是靠真诚来维系的。如果在洽谈中没有一丝真诚，又何以与别人达成合作？做主播需要足够的真诚才能打动品牌方，这样你的收益才能不断提升，才能在直播带货的路上越走越远。

总之，在与品牌方合作洽谈时，要有相当敏锐的洞察力和良好的业务洽谈能力，还要讲究方式方法，才能维护与品牌方之间的长久关系。